ホントは知らない
日本料理の常識・非常識

マナー、器、サービス、経営、周辺文化のこと、etc.

【菊乃井】村田吉弘

柴田書店

漫画・イラスト◎すぎやまチヒロ

はじめに

料理人が料理以外のことを語ってどないすんねん。読者の皆さんはそう思われるかもしれませんけども、日本料理というのはその周辺文化が果てしなく広うて深い。それがあってこその日本料理なんやね。「料理」のことだけやのうて、知っとかなあかんことがいっぱいある。

そういう思いで、今さら人にはきけへんなあ、人からきかれたら困るなあ、なんやかんや言うても早い話が何やの？というような素朴な疑問について、僕なりに好き勝手にしゃべらせてもらいました。毎日人さまのご飯を作らせてもろうてるもんとして、また日本料理屋を経営するもんとして、日々感じてることもあわせて。

そうやって話をすすめていく中でわかりました。

「これ、ちょっと前までは日本人としてほんまにごくあたりまえやったなあ」ということが、いかにぎょうさんあるか。そやから、べつにたいそうなことは言うてません。あたりまえのことばっかりです。

気軽に、楽しいに読んでもろうて、ちょっとでも「ああ、そういうことやったんか」と思うてもらえるところがあれば何よりです。

菊乃井　村田吉弘

目次

第1章

第2章 格好よく見える料理屋でのマナー

第4章

京都のこと、ちょっとお話ししましょか……91

第5章 こんなとこも違う「関西vs関東」

第8章 ひとこと言いたい！ いまどきの料理屋裏事情

第9章

料理人を志すなら……197

第10章

装丁・レイアウト◎石山智博
編集◎網本祐子

第
1
章

08.「虫喰い」て何?——虫に喰われた跡と違いますよ

器のこと、
意外と知らないんよね

01

陶器と磁器はどう違う？

おおざっぱに言うたら、陶器は土でできてる焼きもの、磁器は石でできてる焼きものやね。だいたい、器の裏側の高台の中や周辺の釉薬のかかってないところを見ると、陶器は茶色やグレーの土の色が見えてるけども、磁器は白い石の肌が見えてる。性質は、一般的には陶器は熱伝導が悪いから、中に熱いもんを入れて持ってもそんなに熱うないけど、磁器は熱伝導がええから、中に熱いもんを入れて持ったら熱い。そのかわり中に何も入れへんかったら、陶器は温かい感じがするけど、磁器は冷たい感じがする。あとは、陶器は柔らかい感じがして、磁器は堅い感じがする。そんなところが特徴といえば特徴やろか。まあ、陶器というても焼締めのように堅い感じのものもあるし、陶器、磁器、それぞれいろんな種類のもんがあるから、なかなか一概には言へんけどね。

注意せなあかんのは、青磁や白磁、染付は磁器やとか、交趾《こうち》は陶器やというように、焼きものの名称で磁器か陶器かを判断してると間違《まちご》うてる場合があることです。たとえば染付は磁器が多いけども、安南《あんなん》といわれるベトナムの焼きものなんかには、染付というても陶器もあるし、同じく今のベトナム北部あたりの地名から名前がついたといわれる交趾焼なんかでも、陶器も磁器も両方ありますす。青磁にも白磁にも、陶器も磁器もあるからね。

そやから器は、これは陶器やからどう、磁器やからどうということやのうて、実際に見て、触って、どういう特徴の器であるのかを判断して、大事に扱うことやね。傷がつきやすい柔らかいものなんか、ちょっと当たっただけでも割れやすいものなんか、料理の汁が染み込みやすいものなんか、熱伝導がどうなんか…。安い、高いにかかわらず、器はすべからく大事に扱わなあかんもんや。

季節による使い分けも、陶器は冬に、磁器は夏に、とかいう一般的なルールにとらわれんでも、涼しそうに見えるもんは夏に使《つこ》うたらええし、温かそうに見えるもんは冬に使うたらええんです。

京焼は、つまるところ京都で焼いた焼きものすべて

「これは京焼です」「これも京焼です」。え？　似ても似つかんような感じの器やのに、どっちも京焼？　そんな疑問を持ったことのある人、多いみたいやね。京焼ってなんやろ。それはつまるところ、京都で焼いた焼きものすべて、と理解したらええと思います。

歴史をたどっていくと、昔は京都でもいろいろなところで土が出て、いろいろなところに窯があったんやね。清閑寺《せいかんじ》やら、深草《ふかくさ》、音羽《おとわ》、粟田口《あわたぐち》、清水《きよみず》などなど。有名なところでは、仁清《にんせい》が窯

を開いた御室《おむろ》や、乾山《けんざん》が窯を開いた鳴滝《なるたき》なんかもそうやね。

古い時代は、唐物《からもの》（中国のもの）の写《うつ》しや高麗《こうらい》（朝鮮半島のもの）の写しなんかから始まって、銹絵《さびえ》や染付、仁清に代表される色絵陶器、さらにその後、色絵磁器が作られるようになっていった。その色絵磁器の全盛時に窯場の中心やったんが清水《きよみず》で、その時代に京焼は全国に広まって、大きく発展したんやね。それで、清水焼が京焼の代名詞みたいに言われるようになった。そやから、言うてしまえば、京焼＝（イコール）清水焼ととらえてええと思う。どっちも、京都で焼かれた陶磁器のすべてを指すと思うとけば間違いないわけや。

そやけど今は、いろんな事情が変わってきて、清水をはじめ、京都市内には窯はありません。京焼といわれるもののほとんどは、宇治の奥の炭山《すみやま》というところで焼かれてるんやね。

03 器は正面を常に意識して

日本料理の器には、多くの場合「正面《しょうめん》」（＝前面）というものがあります。建物でいうたら正面玄関やね。誰がどう見てもひと目でそれとわかるもんは問題ないんですが、これがなかなか、どっちが正面やろうと迷うような器もけっこうあるのでやっかいなんです。

一目瞭然の器は、たとえば器の前後に高低差のあるもの。これは低いほうが前です。それから側面に文様が描いてあるものは、華やかな文様、主となる文様があるほうが前です。また器の内側に文様が描いてある場合は、それがよく見えるように置くのが正しい位置です。

一般によう間違《まちご》うてはるのは、器を裏返しにして、作家の名前や窯元名が書いてある文字を見て、その向きで正面を判断してはることです。作家さんらの仕事を見てますと、できあがった器を前後（手前向こう）にひっくり返して文字を入れはる人もあれば、左右に返して文字を入れは

る人もある。そうすると、どうですか。前後にひっくり返して書かれた文字は、正面とは逆向きになってますやろ。そやから、その文字の向きだけをたよりにしてたんでは、正しい正面の判断はでけへんのです。

04

曲げものの綴じ目は「丸前角向」と覚える

曲《ま》げものなどの木の器には普通、曲げた木地を桜の皮などでとめた綴《と》じ目があります。その綴じ目を、丸い器なら前、四角い器なら後ろにして置くのが正しい位置。これが一般に「丸前角向《まるまえかくむこう》」といわれる約束ごとです。なぜ丸前角向なのかは知りません。そう決まってるんですな、昔から。ただ、神様へのお供えものに使われる三方《さんぽう》や、葵盆《あおいぼん》（下鴨神社の神饌《しんせん》をお供えする盆）を使う場合に限っては、これが逆になります。なぜなら、神様のほうへ正面を向けて置くのが正しい位置やから。ちなみに、八角形とか、多角形の器は丸に準じるということになってます。

それから、よう問題になるのが片口《かたくち》。注ぎ口のついた鉢で、本来は酒や醬油、油などを入れて使うもんです。僕は右手の人が持って注ぎやすいように、注ぎ口が左にくるように置きますけど、そうではないという人もいてはります。本当に酒を注ぐ目的ならそう置くけども、そうではなくて「今回は料理を盛る器として使《つこ》うてます」と、そのことを示すために、あえて逆向き（注ぎ口を右）にして使わはるということです。これは、どっちがどっちともいえへんと思います。

あとは、底に3本足の付いた器。基本としては、2本足がついてるほうが正面やといわれることが多いですけど、それでは扱いにくかったり、どう見ても文様としてはその逆やろ、というような器もけっこうあるんです。そやから僕は、基本は基本として、その時々に応じて、安定がいいようにとか、文様がしっくりくるようにとか、判断して使《つこ》うてます。

05

「きわめ」って何？――これがあることでえらい価値が上がるんです

「きわめ（＝極）」というのは、早《は》よ言うたら鑑定書のことやね。茶道具とか掛け軸、絵画なんかに付けられるもんで、作者とは別の第三者が、作者名（所有者名のことも）、作品の呼称、銘《めい》、自分の名前なんかを書いて印を押し、「この作品は間違いなくええもんです」ということを保証するわけや。そやから、きわめをする人は、茶道の家元とか位の高いお坊さんとか、著名な鑑定家とか、要はその筋の目利《めき》きとして名の通った人でないと意味がない。そのかわり、このきわめというのが付いてるだけで作品の価値はえらい上がるんです。それだけに、きわめをする側の人は、自分の名前を書いても恥ずかしくないものにしか、なんぼたのまれてもしはりません。

きわめの形式にはいろいろあるみたいですけど、僕らがよう目にするのは、料紙《りょうし》という紙に書かれたものが作品に添えられてたり、あるいは作品を収めてある箱にじかに墨なんかで書いてあったりするものやね。箱の蓋の表や裏、箱の側面なんかに書かれてたり、箱に紙が貼ってあるもんもあります。この箱にじかに書いてあるきわめのことを、一般に「箱書《はこが》き」というんやね。そやから、「このお茶碗にはだれだれの箱書きがあります」と言われたら、そらえらいもんやなあ、という話になるわけやね。

それとは別に、作品を収める箱に、作者自身が自分の名前や作品名、銘なんかを書いたものを「共箱《ともばこ》」といいます。これはこれで価値があって、一種のきわめにもなるもんやけど、当事者が書いたもんのことは、普通はきわめとはいわへんと思います。

ちなみに、定評があるという意味で使う「きわめ付き」「折紙《おりがみ》付き」という言葉は、すべてここからきてるんやね。

06

「共箱」って何？――箱ならなんでもええわけやない

ある骨董市で、「おっちゃん、この鉢、箱付いてますのん？」言うてたずねたら、「ありまっせ、わしが作ったもんやけど」やて。それ、違うやろ。そういう意味やないんや。共箱《ともばこ》があるのんてきいてるんよね。もうびっくりしましたわ。

そやけど、料理人でも時々こういう会話をしてる人がいてますし、収納の時、邪魔になるからいうて、プラスチックの収納ボックスかなんかに器をぜーんぶ入れ替えて、最初に入ってた箱を捨ててしもうてるようなケースを見かけます。とんでもないことやね。使いやすいように収納し直すのはええけど、もとの箱はちゃんと大事においとかなあかん。

というても、価値があるのはその箱が共箱か、箱書きのある箱の場合やけどね（前項参照）。おっちゃんが作ったような箱やったら、あってものうても価値は変わらん。普通、「箱付いてますか」と言われたら、たんなる入れものという意味やのうて、そういう価値のある箱のことやということ。

仮にも骨董市に商品並べるんやったらそんなこと知ってなおかしい。それも知らんような店では絶対に商品なんか買われへんわね。

07

「写し」って何？——スターのそっくりさんやから意味がある

「写《うつ》し」というのも、器やお道具の世界でよう聞く言葉ですな。写しとは、何十年、何百年前のものを、形や寸法、文様まで、それとそっくりに作ったもののことやね。写しやということをはっきり書いてあるものもあるし、書いてないものもある。書いてないものは、知ってる人が見て、ああ、○○の写しなんやなあと思うわけや。また、あまりにも有名な作家の写しの場合なんかも、いちいち写しと書かへんことが多い。たとえば乾山《けんざん》とか、仁清《にんせい》とかね。ただたんに「乾山鉄絵《てつえ》四《よ》方向付《むこうづけ》」「仁清菊向付」と書いてあっても、誰も本物とは思わへんということやね。それに乾山とか仁清とかの超有名作家の場合、写しというよりもむしろ、乾山風、仁清風という意味合いで、「乾山武蔵野皿」「仁清絵替中皿」などといわれることも多いと思います。

写しのもととなる作品は「本歌《ほんか》」といわれるんやけど、写されるくらいの本歌は、当然、国宝とか重要文化財とか、後世に伝わるような名物であったりとかするわけで、そのへんの名もなき器や道具やったら意味がない。「天竜寺の寺宝になってる天竜寺青磁の花器の写しです」とか言われたら、そらすごいもんやなあ、となるわけや。写すだけの価値のある本歌がなかったら、写しというのは存在せえへん。

人間でも「あの人、石原裕次郎に似てるなあ」とか、「オードリー・ヘップバーンに似てるなあ」と言うから、「えらい男前なんやなあ」とか、「へえ、そらいっぺんお会いしてみたいなあ」となるわけで、「隣りのおっちゃんとそっくりや」て言われても、なんの興味もないし、どんな顔なんかもわからんわね。

それに対して、何もかもそっくりに作って、それを本物やというて高《たこ》うに売ろうとするのが「贋作《がんさく》＝ニセモノ」やね。たとえば、魯山人《ろさんじん》の日月椀《じつげつわん》にそっくりのものを作ったら「写し」やけど、それに「ロ」とかの魯山人のサインまで入れたら贋作になるということやね。

08

「虫喰い」って何？――虫に喰われた跡と違いますよ

主に中国の明の時代の古い器で、「これ虫喰《むしく》うてるなあ」ていうようなものがあります。「虫喰《むしく》い」ていわれるものなんですけど、ほんまに虫が喰うたわけやないですよ。なんぼなんでもそんな堅いもんは虫も無理や。

それは焼いた時に、上からかけた釉薬《ゆうやく》と生地（胎土《たいど》）との収縮率が違うためにおこる現象で、釉薬のかかりの薄い縁《ふち》の部分で釉薬のほうが縮みすぎて、中の生地がところどころそのまま出てしもうてることをいいます。釉薬のかかってる部分はツルッとしてるんやけども、生地が出てる部分はザラッとして、欠けたわけやないんやけども、ちょっと欠けたような剥《は》げ落ちたような感じに見える。そしてそれが４００年とか長い長い年月を経ると、その部分だけが黒うになって、ちょうど虫が喰うた跡みたいに黒いブツブツの状態になるんやね。これは新しい時代のものにはないもんやさかい、独特の味わいがあるし、茶人なんかが一つの景色として珍重したもんやから、「明の古染付《こそめつけ》の虫喰い」なんていうたら、えらい価値のあるもんとして扱われてます。ただし同じ黒いブツブツでも景色として珍重されるのはあくまでも縁の部分の「虫喰い」であって、ほかの原因でついた窯傷《かまきず》なんかをごっちゃにしたらあきません。

そやけど、こういう器を料理屋でお客さんに出すと、「なんやこんな欠けて汚れた器を出しよって…」みたいに言われることがあるていうのも時々聞きます。そこで「これ汚れてるじゃないですか」とでも言うてくれはれば、「実はこれはこれこれしかじかのもんでして…」と説明もできますけど、なんも言わんと、感じ悪いなあと思うて帰られたら、せっかくの店側の気持ちもなんにもならんわね。そやから「虫喰い」なんていう器は、誰にでもお出しできるもんとは違うと思います。

09

「虫喰い」を漂白——そんなことしてええのん？

僕は明の時代の古染付《こそめつけ》の、なんともいえん藍の色合いやら、不揃いで味わいのある絵付けが大好きで、同じ寸法の、同じ絵柄の小皿を集めてるんです。何軒かの古美術店に声をかけてたのんどきましてね。そしたら「3枚出ましたよ」とか「5枚出ました」とか言うて知らせてくれて…。そうやって集めて今では100枚ぐらいになってます。100枚揃うてると宴会にも使えますし、日常的に普通に店でも使《つこ》うてます。

古美術界やら日本料理界やらの重鎮の方々が聞いたら卒倒しはるといけませんので、ここだけの話ですけど、実は僕はこの明の古染付を、全部1回、漂白剤で漂白してから使《つこ》うてるんです。

明の時代のもんですから「虫喰い」（前項参照）もありますし、高台にはジャリジャリッとした砂がへばりついてて、そこも黒うになってることがあるんです。当時はまだ技術的に発展途上で、砂の上に置いて焼かんと、収縮の衝撃で器が割れてしまうことがあったようやね。そやから底に砂がついてる。それで、これを漂白すると、「虫喰い」の剝《は》げ落ちたような感じや高台のジャリッとした感じは当然残りますけど、黒い色は白うにきれいになります。

これはあくまでも僕の好みなんですけど、古いのはええんやけど、古汚《ふるぎたな》いのがあかんのです。

明の古染付を古汚いていうたらおこられるかもしれませんけど、お客さんの中でもそういう価値がわかる人よりも、わからん人のほうが圧倒的に多いのも事実です。そういう人らが黒いブツブツの器を見た時にどう思いはるかていうたら、たいていは、なんや薄汚《うすよご》れてるなあ、と思わはると思うんです。風情があってええなあという人はわずかやろなと。そもそも、僕はこの器を展示するために集めてるんやないし、古いええもんですよということを自慢するためにお出ししてるわけでもない。料理を盛った時の感じが好きやからお出ししてるんです。そやから、お客さんにもできるだけ気持ちように食べてもらいたいと思うんやね。

それやったら何も古いもん使わんでも、今の時代の伊万里とか九谷とかの新しい染付を使えばええやないかて？　そういう考え方もあるやろね。そやけど僕は明の時代の古染付のあの味わいが好きなんやね。そやから使《つこ》うてる。それぞれの料理屋の考え方があってええと思うてます。

10

「金接ぎ」って何？——なんでもかんでも接いだらええわけやない

器を修理する方法に「金接《きんつ》ぎ」というのがあります。古い陶磁器なんかにようあるんですけど、粉々やのうて、ピーンと大きいに割れたりしたもんを、まず漆でくっつけたり繕《つくろ》ったりして、その上に金を蒔いて磨いてある。いうたら漆器の蒔絵みたいなもんやね。器と同じ色の漆なんかを使《つこ》うて目立たんように直す手法もあるけど、金接ぎの場合はあえて直してますということを強調して、一つの景色として味わおうというわけやね。見る人は、そうやって金で直してあると、「ああ、この器、古いもんやけど大切にしてはるもんなんやなあ」と思うわけや。

そやけど最近、やたらと金接ぎしてるのんを見かけますね。簡単に自分で直せる金接ぎキットみたいなんが販売されてたり、それらしいに見える粘土みたいなもんも売ってるようやしね。ちょっと欠けただけで捨てるのはもったいないという気持ちもわかるし、いちいち専門店に修理に出すのは面倒やしお金もかかる、それもわからんではない。とはいえ、なんでもかんでも金接ぎしたらええというもんやないと思うねえ。とくに料理屋としてはね。金で接いでまで使いたいという値打ちのあるもんでないと、なんやみじめったらしいでしょ。

たとえば、50人くらいの宴会なんかでお膳がズラーッと並んでて、向付は古い染付やから、中に1つ2つ金接ぎしてあるものがある。そういうのやったらええわね。かえって風情もある。そやけど50個のうち何十個も金接ぎがしてあったり、一つのコースの中に2つも3つも金接ぎの器が出てきて、あげくの果てはお造りの醤油を入れる小《ち》っちゃいのぞきまで金接ぎしてあるなんていうのは、いやらしい。金歯だらけのおっちゃんみたいで品がないわ。やっぱりモノには限度っちゅうもんがありまっせ。

11

「作家もの」にもいろいろあります

世間で「作家もの」といわれる器にもいろいろあります。作家さんがその作品にどういう関わり方をしてるかは十人十色で、こうでないといかんというような決まりはありません。土を選ぶところから自分でやり、ろくろをひき、絵付けをし、上釉《うわぐすり》をかけて窯で焼く。そのすべてを自分でやってはる作家さんもあれば、自分では絵付けだけをしてあとは弟子がやってるとか、もっと極端に言うたら、こういう土で、こういう形で、こういう絵柄のものを作るという大筋だけを決めて、あとはでき上がってから判子だけ押してはる人もいてるでしょう。それでもそれは、その作家さんの作品なんやね。そうしたいわばプロデューサーみたいな作家さんも含め、自分の考え方とかものの見方をいちばんたくさん反映させた人が、その作品の作者ということになるんやと思います。

「作家もの」でない場合は、それぞれの仕事が細かく分業されてるのが一般的で、ろくろ師とか絵付け師とか、塗りものやったら木地師とか塗師《ぬし》、蒔絵師《まきえし》など、それぞれ専門の職人さんがいてはります。でもその人たちが作品に対して自分の考えを反映させるということは少のうて、これこれこういうもんを作ってくださいという注文に従って、仕事としてこなしてはるのがおおかたやと思います。

大きな工房を持ってはる作家さんなら、だいたい自分の名前で出す作品と、窯元の名前で出す作品とを作ってはります。たとえば京焼きの名匠、宮川香雲《みやがわこううん》さんやったら、自分の作品には香雲と書いてあって、工房のスタッフが作ったもんには竜谷窯《りゅうこくがま》と書いてあります。オリジナルと普及版みたいなもんで、もちろん値段も全然違います。

12

自分に合った寸法の箸を使ってますか?

日本人にとって箸は非常に大切なもんです。それぞれ自分の箸があって、食事の時に箸箱から出して、食事が終わったら洗《あろ》うてまた自分の箸箱にしまう。そうやって大事につきあってきたもんです。海外へ行く時でも、自分の箸を必ず持っていくという人もいてはります。僕が子供の頃は、毎年お正月には箸と下着を新しいのにしてもろうてましたな。成長期の子供は1年でうんと大きいになるさかい、それに合わせて箸の長さも変えんとあかんのです。

いろいろな本やら資料で見てますと、箸の長さというのは「ひと咫半《あた》」がええということになってます。咫というのは日本に昔からあった長さの単位で、「親指と人差し指を直角に広げた時にその親指と人差し指の先を結んだ対角線の長さ」、「手を開いた時の中指の先から親指の先までの長さ」、「手のひらの下端から中指の先端までの長さ」等々、いくつかの定義があるみたいです。ものの長さを測る時に、指を広げてこうムカデみたいに動かして測ることがありますよね。もっと長い距離なら歩幅で測ったり。要はあれですな。そのひと咫半という長さが箸としてちょうど使いやすく、きれいに見えるということです。そやから、身長が１８０㎝もあるような大《お》っきい男性と、１５０㎝くらいの小柄な女性では、当然箸の長さは違《ちご》うてなあかんわけです。

13

そのつどその人のためだけに削る箸が最高

箸はもともと、そのつど、その人専用に木を削って作ってたもんです。客人を迎える時にも、その日、その人のためだけに箸を削る。それがいちばんのもてなしであるというのが日本の心です。輪島塗の箸とか象牙の箸とか高級なもんはいろいろありますけど、値段ではなく、もてなしの気持ちを込めて、手削りした赤杉の両細《りょうぼそ》の箸というのが、一般にはいちばんええもんやとされてます。茶懐石で使われる利休箸《りきゅうばし》がそれで、その時限り1回しか使いません。まさに「一期一会《いちごいちえ》」の最たるもんですな。

最近、箸を正しく使えへん子が多いといわれてますけど、親がちゃんと長さを考えたり材質を考えたりして箸使いをきちんと教えていかんと、将来まともに箸を使える人間がおらんようになってしまうんやないかと心配になります。箸屋さんへ行きますと、男性用、女性用、子供用まで、寸法も材質も実にいろいろな箸を売ってます。僕らはそんな、繊細で素晴らしい文化を持ってるんですから、大事にしていかなあかんと思います。一度ぜひ、箸の専門店をのぞいてみて下さい。いろいろ勉強になることがあるはずですよ。

14

器を手で持って食べるのが日本料理の原点

日本の文化はフロアの文化です。今でこそ椅子に座り、テーブルについて食事をしてますけど、数十年前までは畳や板敷きの床にじかに座って食事をするのがあたりまえやったんですね。一般

こういうネコを見たことのある人は少ないと思う
人間はむかしから
器を手に持って食べてきたけど
ごちそうさま
ピチャピチャ

庶民の食卓であったいわゆる「ちゃぶ台」が定着したのも明治から大正ということやそうですから、そう古くはない。それまでの長い時代、日本人は箱膳《はこぜん》（各自の食器を収納する箱。膳にもなる）というものを床に置いて食事をしていたようです。もっとも、身分の高い人らは足付きのお膳を使うてたでしょうし、もっと前の時代には、あるいは身分や階級によっては当然、床に直接お椀や皿を置いて食べていたんでしょう。時代劇なんかでよう見ますよね。

いずれにしても料理は床の位置、もしくは膳の上にあるわけですから、口とは相当離れていて食べにくい。必然的にお椀や皿を手で持って、口元へ近づけて箸で口へ運んだり、お椀なら口をつけて汁を吸ったり、ということになるわけです。この器を手で持つという行為が、日本に特徴的な食事作法なんです。そのことを前提として器の形や寸法も決まってきたんですね。マナーをはじめ、日本料理のいろいろなことを考える上で、頭に入れておくべきことやと思います。

15

器に性別があるのは日本だけやないやろか

手で持つということが日本の器の大原則ですから（前項参照）、塗りのお椀の大きさは男女で違っています。直径で男4寸（約12・1㎝）、女3寸8分《ぶ》（11・5㎝）。これが標準的なお椀の寸法で、そこにご馳走感を出そうとすると少し大きめになって、寸法は直径4寸2分（約12・7㎝）

が標準やそうです。茶懐石でいうところの煮もの椀が一般的にこれくらいの大きさでしょうか。陶器や磁器が登場するのはもっと後の時代ですから、こうした漆器の寸法が、その後に登場するいろいろな器の寸法のベースになっていったんやと思います。

陶磁器でいえば、たとえば湯呑み。これは片手でにぎるようにして持ちますから、お椀よりはずっと小さくて、直径で男2寸6分（約7・9㎝）、女2寸4分（約7・3㎝）が標準。一般に「に

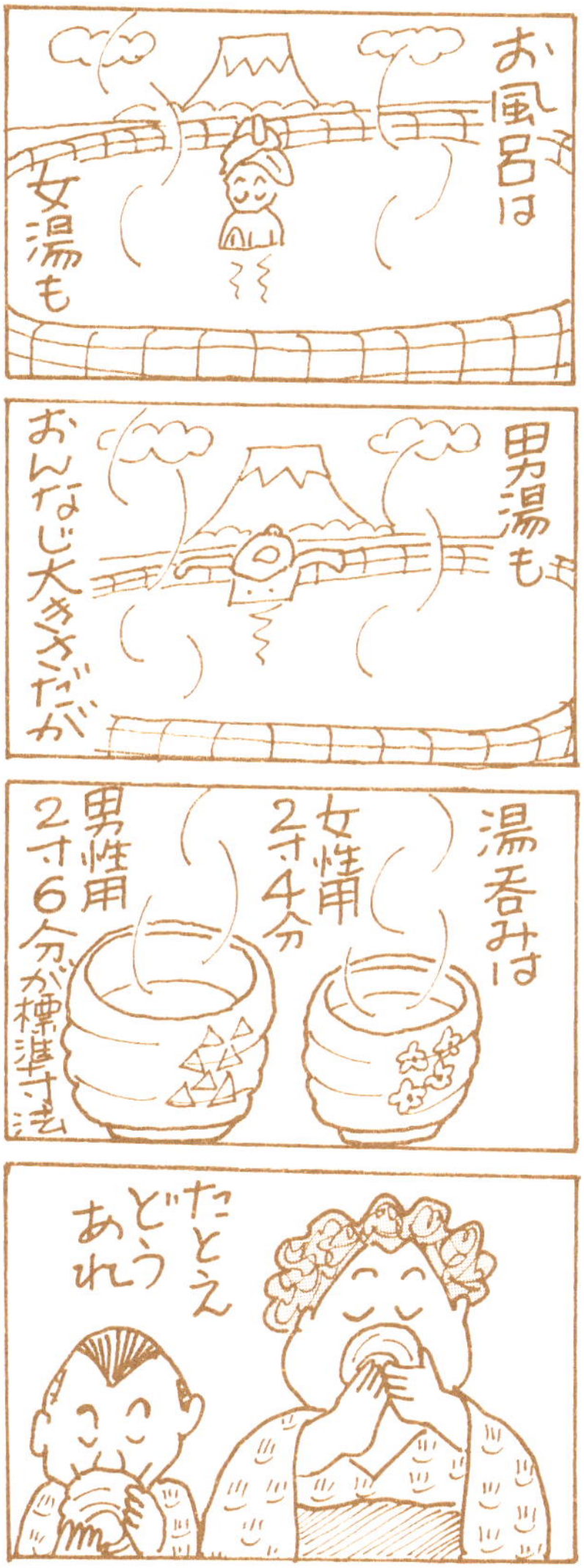

ぎりの寸法」といわれるものです。これは湯呑みでなくても、にぎって持つものなら何にでもあてはまる大きさで、たとえば茶筒も2寸6分より大きいとすべってしまって持てないということで、それが一般的な寸法となってるそうです。こんなふうに、器にまで性別があるのは、世界中で日本だけやないでしょうか。

ちなみに、持ち手のない日本の湯呑みは、手で包むようにして持ちますやろ。その時、石ものと土ものでは感じる熱さが違う。石ものの中に熱い熱いもんが入ってたら手で持てへんでしょ。そやから番茶器《ばんちゃき》には土ものが多いんです。番茶は火のように熱くいれろといわれますから。一方、煎茶器《せんちゃき》は石ものでもいい。玉露やったら50〜60度くらいのお湯で入れますから、それくらいなら十分手で持てます。紅茶は沸騰したての湯で入れますけど、ティーカップには必ず持ち手がついてますから大丈夫。ようしたもんですわ。

16

変な「見立て」してませんか？――①盆踊りに訪問着はあかんやろ

本来、その目的に使うものではないものを、自分のセンスで別の用途に使うことを「見立《みた》て」といいます。料理の世界でも見立て使いをしてはるのをよう見かけます。おもしろい見立てやなあと思う時もありますけど、何か違和感を感じるなあという時もあります。たとえば天目茶碗《てんもくぢゃわん》に漬け物を盛ったり、黒楽《くろらく》の抹茶茶碗にご飯を盛ったり。それはそれで別にかまへんという考え方もあるかもしれませんけど、僕に言わしたら、そんなん、夏の盆踊りに浴衣《ゆかた》やなしに訪問着を着て行くようなもんでっせ、ということですわ。訪問着いうたらいちばんよそゆきの着物ですやん。

つまり、位取《くらいど》りというもんを考えたほうがええということです。

そもそも天目茶碗なんて、抹茶を差し上げる場合でも、天目台にのせてよっぽど高貴な人にし

か使わへん茶碗です。黒楽にしても正式な濃茶の席に使う格の高い茶碗です。それに似せてふだん用に作られた器やったらまだ言い訳がつくけど、そのものに漬け物やご飯を盛るのんは、盆踊りの訪問着か、はたまたパジャマにネクタイか。そらチグハグなものやと思うんですけどねえ。

17

変な「見立て」してませんか?——②マリー・アントワネットの爪楊枝?

見立て使い(前項参照)は、センス次第でなかなかおもしろい場合もありますが、ようわからんことをしてえらい失敗をすることもありますから、このへんにも注意せんといけません。

たとえば、外国人が、日本の長襦袢《ながじゅばん》をガウン代わりに着てたらどう思いますか? 当人は「ジャパン、オー、ゲイシャ」とか言うてご満悦かもしれませんけど、日本人が見たら、何や昔の映画の中の女郎屋《じょろうや》へ来たんかいな、という感じで気持ち悪いでしょ。それとか、時代蒔絵の金隠《きんかく》しが床の間に飾ってあるとかね。いくら芸術的に価値のあるもんやいうても、金隠して要は和式トイレの前の部分でしょ。それを床の間に飾るのはなんぼなんでもあかんやろ。それに近いことが間々あるということですわ。

逆のケースもあるでしょうな。たとえば、「これはマリー・アントワネットが使《つこ》うてた銀の爪《つま》楊枝《ようじ》です」言うて、「それをピンチョス(串に差したスペイン風フィンガー・フード)にしてます」

と言われても、そらかなわん。食べる気しまへんやろ。そこまでいかんでも、何も知らんと、18世紀のフィンガーボウルを向付にして使うてたり、小丼にしてるような可能性かてあると思いますよ。わかる人が見はったら「フィンガーボウルでご飯食べんならんほど、俺は悪いことしてない」て思いはるやろね。もしくは「ああ、何も知りはらへんねんなあ、かわいそうになあ」て思いはるかね。そんな例は他にもいくらでもありそうでしょ。

18

香合と珍味入れは別物です

お茶席で使う道具の一つに香合《こうごう》というのがあります。お香（練り香や木香《もっこう》）を入れるための小さい入れ物ですが、ちょっとした料理を入れるのにもちょうどええということで、八寸なんかで使《つこ》うてはる人は多いと思います。そやけど、お茶をやる人から見たら、お香を入れるべき道具に料理を入れるというのにはちょっと違和感があるんです。

それやったら珍味入れを使うべきやと思うんですね。え？　香合と珍味入れは形は一緒と違うかって？　いや、それが香合と珍味入れは別物なんですよ。

蓋を開けてみるとわかるんですが、香合は一般に、身のほうの縁が切り込まれた状態になってるんやね。で、その溝の部分にまっすぐの蓋がかぶさって、ぴったりと合うようになってる。一方の珍味入れのほうは、ほんま言うたら蓋合わせの部分が逆になってるはずのものなんです。というのも、珍味入れは、中に入れる料理にもよりますけど、旨だしなんかを口をつけて飲めるように、身のほうの縁はまっすぐになってるべきなんやね。縁に凸凹があったら地を吸うたりしにくいからね。それで、蓋のほうの縁に切り込みがあって、その溝を身のほうへ入れ込むようにしてぴったりと合わせる。

実際に香合として使うてるものに料理を盛る人はないと思うけども、香合を料理に使うてると、時に不都合が出てくるかもしれん。そやから、香合と珍味入れは別物なんやということは、知っといたほうがええと思うね。

第

2

章

22.初心者に気を遣わせるのは本当の通やない

格好よく見える
料理屋でのマナー

19

後ろ向きに靴を脱ぐのはマナー違反

料理屋の玄関で、よう後ろ向きに靴を脱いで上がる人がいてはるでしょう。あれはなんともおかしなもんやと思います。玄関というもんは前向きに上がるべきもんでしょう。お尻向けて上がるていうのは逆に失礼です。

普通によそのうちを訪問した時やったら、前向きに上がってから、後ろ向いてかがんで、自分の靴を揃えて端のほうに置く。それが一般的なマナーやろね。そやけど、料理屋ではそんなことせんでも玄関さんもいはるし、下足はお客さんのするべきことと違うさかいに、むしろそんな余計なことはせんほうがええんです。玄関さんが「どうぞ、そのままお上がりやす。真ん中でどうぞ」て言うて沓脱《くつぬ》ぎ石をすすめてんのに、「いえいえ、そんな真ん中でなんて申し訳ない」とか言うて、変に隅っこでゴソゴソやってたらよけいややこしい。自分はいかにもマナーを心得てますとひけらかさんばかりに、草履を揃えて横のほうにずらしてみたりね。それは下足番の仕事やて言うねん。すすめられる通りにしといたらええんです。それがＴＰＯをわきまえる、ていうことでしょう。

もしすすめられへんかったらどうするて？　そら、そんな店はあかんけど、少なくとも玄関さんがいはるような店やったら、堂々とそのまま上がって行くべきやろね。お客さんに下足をさせるなんて、料亭では考えられへんことやから。

あとみっともないのは、玄関先で「どうぞ、どうぞ」「いえいえ、○○先生からどうぞ」「いえいえ何をおっしゃいます、××先生からお願いします」とか言うて譲り合《お》うてる人らやね。そんなんどっちでもええからは早《は》よせーよ、ていう話やね。

20

素足（なまあし）とブーツは考えたほうがいい

最近、若い女性やらで（たまに男性も）、素足の人が非常に増えたね。「なまあし」とかいうらしいけど、あれね、畳の上を歩いたらメチョッ、メチョッて音がするでしょう。それで汗なんかかいてると畳や板の間に足の形がついたりする。本人が気にせえへんと言わはるなら別に店としてどうこう言うつもりはないんやけど、あんまり格好のええもんとはちがうと思うなあ。

だいたい知らん人がそうやって歩いたとこをまた自分も素足で歩くていうの、平気なんやろか。それにみんなが使う廊下に自分の足の形がつくていうのは、恥ずかしいもんやと思わへんのやろか。そんな時ね、素足で来はっても、バッグの中からカバーソックスみたいなもんをさっと出して、「ちょっと玄関先で失礼します」言うてササッと履いて上がらはると、ああ、この人はなかなかわかった人やなあと思われるわけやね。

あと、あまり格好がよろしくないと思うのは冬場のブーツやね。もともと日本の文化の中にはないもんでしょ。ブーツというもんは、いったん履いたら夜寝る時まで1日中履いとくもんなんや。人前で脱ぐということは想定されてないんやね。それが日本でも最近は猫も杓子もブーツやわね。それで料理屋にも来はる。そうすると大変なことになるわけやね、本人が。みんながすっと靴を脱いだり履いたりしてる時に、一人だけ座り込んで難儀《なんぎ》せんなん。脱いだ後もベローンてなってしもうて美しくないわね。

そやから、今日はお座敷の料理屋へ行くという日は、靴を脱がなあかんということを意識して、足元にちょっと気を遣《つこ》うたほうが自分のためにええと思うね。居酒屋で自分で下足箱に入れるというのやったら別にええけどね。

21 きつい香水はタブー

お客さんのことをあんまりどうこう言うのは気が引けますけど、最近、ほんまに考えられへんような人がいてはりますな。おばちゃんやらのグループで、カウンターで食事しはって、食べ終わらはったと思うたら、最後にそこでコンパクト出してパタパタと化粧しだしはるもんね。あーんぐり口あけて口紅ぬったりして。おいおい、カウンターの中に僕らおりますねんで、て言いたなるね。

あと気になるのは、きっつい香水。フランス料理のレストランやったら全然気にならんかったりするのやけど、日本料理店ではあかんね。それが、料亭やったらまだ個室に分かれてて、ほかのお客さんの迷惑になるということは少ないやろから許せんことはないにしても、カウンターの場合はモロでしょ。一人そういう人がいてはるだけで、ほかのお客さんが皆、迷惑することになるさかいね。

最近は老若男女を問わず香水やら何やらつけてはりますから。おばちゃんのきっつい香水と、おっちゃんのきっつい整髪料のにおいが混じったりしたらもう最悪やね。帰らはったあとでも、ああ、ここあのおっちゃんすわってはったとこやてわかるくらいに、カウンターににおいがついてしもうてるもんね。

ほのかな香りやったらええけども、きつい香水の人がいてたら、「あれ、なんとかならんのか」て別のお客さんから言われることもありますし、「悪いけど席替えてくれへんか」て言わはるお客さんもいてはります。そやけど、当人は全然気ィついてへんねんから打つ手なしやね。日本料理屋やお寿司屋さんへ行く時には、ちょっと気を配るべきやね。

22

初心者に気を遣わせるのは本当の通やない

板前割烹店で「食べ慣れてる」ていうオーラを出しながら何人かがカウンターに座ってたら、料亭のお座敷よりもかえって緊張する、ていうような話を聞くことがありますけど、そんなん全然気にせんでええ。だいたい、食べ慣れてるのが外に見え見えの人は、ほんまは食べ慣れてへん人やと思う。本当の通《つう》やないんや。

たとえば若い子が「明石で捕《と》れたタイです」言うて料理を運んでいったとする。にせもんの食べ慣れた人らは「そんなん言わんでもわかってる」とか、「明石のどこ?」とか言うて若い子をちょっといじめるようなこと言うてみたり、「ああ、やっぱりね」とか言うて自分が料理について詳しいということを示そうとするんやね。ほんまもんの食べ慣れた人はそんなことはせえへん。食べ慣れた人は、もうそないに食べ物に対して集中してはるわけでもないし、連れの人と楽しいにしゃべって、楽しいに食事して帰らはる。

そやから、食べ慣れた人の間で緊張するんやのうて、馴れ馴れしかったり、知ったかぶりをするお客さんが、慣れてないお客さんに対して緊張感を与えるんやと思う。けっきょくは、そういう雰囲気にしてしもうてる店側の責任が大きいけどね。

だいたい、主人と馴れ馴れしいにしゃべってるお客さんばっかりがいるような店はダメやな。その店自体がそういう体質を持ってるということや。親衛隊みたいなお客さんがいっぱいおって、なんでもかんでも「すごいすごい」てほめまくって、もちろんプライベートなつきあいもあって…。一流店というのは、カウンターの中の人間とお客さんとの間に、絶対に越えない一線というのがきちっとある。それがないのは一流店やないと思うね。

23 上座・下座の基本——王様シートは床の間の前

上座、下座というのは、日本人として気になるところやね。和室では、基本的に床の間の前がいちばんの上座です。次に、出入り口に遠いところが上座。1つの部屋に床の間が2つある場合もありますけど、その場合は床の間の格が決まってます。1つが畳敷きでもう1つが板敷きやったら、畳敷きのほうが格が上やし、座敷より一段上がってる床の間と上がってない床の間があったら上がってるほうが格が上、広さは広いほうが格が上やね。そんな感じで、おそらくひと目見ればどっちの格が上かはわかると思います。

庭が見えて眺めがええというのは心情的にはありますけど、正式にはやっぱり床の間が基準でしょうね。床の間のない部屋なら出入り口からの距離。それも同じなら、眺めがええとか、みんなからよう見えるとか、空調機器との距離とか、そういう他の要素で判断したらええと思います。まあ、いちばん間違いないのは、店の人間にたずねることやね。「どこが上座ですか？」と言うのが露骨すぎるようなら、「お客さまはこの席でいいですか？」とか言うてね。

24

上座と下座のケース・スタディ──①カップル編

最近はカップルで料理屋へ来られる方も増えました。そういう時、床の間の前に女性が座ってはると、仲居さんが入った時にあれっ？と思うやろね。女性の方に言いたいのは、やっぱりまだ日本の社会は男社会やし、そういう伝統やし、それよりも何よりも、平気で上座に座ってる女性はあんまり賢《かしこ》そうには見えんということやね。男のほうがレディファーストのつもりで座らせたんか、男性がホスト側やからということで座らせたんか知らんけども、たしなみのある女性やったらなんぼどうぞて言われても、「いや、ここは日本料理のお店ですから日本風でいきましょ。殿方がこっちに座ってくれはらへんかったら、私が恥かきますから」とかなんとか言うて、男性を上座へ座らせると思いますな。物は言いようや。ただ、男女いうても、女性が明らかに60過ぎてはるようなお茶の先生とかで、かたや男性は呉服屋さんの若造で、というようなケースやったら話は別ですよ。そういう場合は当然逆になりますやろね。

25

上座と下座のケース・スタディ——②大人数編

大人数の場合は、上座、下座はもっと複雑です。みんなが床の間を横に見るような配置もあるでしょう。床の間には近いけども出入り口にも近かったり、みんなと話をするには中央のほうが

わしは何かね？
代表取締役社長でございます
代表取締役とは
会社でいちばんえらいかたです
わしよりえらい人間は
おりません
きみにはアフリカ出張所に転勤してもらおう
ハア？

よかったりと、部屋の造りや席の配置の仕方で、上座・下座は一筋縄ではいきません。気が置けない仲間同士ならさほど神経質になる必要はないやろうけど、接待なんかの重要な席では、店の人にきいてみるのがええやろね。そうすると、通常、店としてはこういう順序にサービスをさせてもろうてます、というようなアドバイスがあるかもしれませんし、連携もとれて、どうしてもうまいこと配置でけへんかったら、部屋を変えてもろうたり、座卓の配置を変えたりということができるかもしれません。いずれにしても接待の席では、ホスト側がきっちりと席次を決め、それをあらかじめ店側へも伝えておくことが大切やと思いますね。

26

敷居、畳のへりは踏まんように歩くのが美しい

最近は「和」がブームで、若い人の間でも、男女を問わず着物や浴衣《ゆかた》の人気が上がってきてるみたいですけど、着物を着るんやったらやっぱり、最低限のマナーというのはわきまえといたほうがええと思うね。もちろん洋服でもそうなんやけど、着物なんか着てはるとよけいに気になるさかいね。

まず和室に入る時には、敷居は踏まんようにしたほうがええ。「二度とこの家の敷居はまたがせへん」とか言うことがあるけど、昔から敷居は踏まずにまたいで通るものやったんや。

平気で敷居を踏む
平気で畳のへりも踏む
だから犬のウンコも
ベチャ
あ
踏む
犬ソガ
おまえだよ

それから、畳のへりも踏まへんのが理想やね。お茶席でもない限り、それほど神経質になる必要はないんやけども、踏まんほうが歩く姿も美しいということ。そやけど、あんまりそればっかりに気をとられてたら、足と手とが合わんようになって、甲子園の入場行進みたいにぎこちない歩き方になってしまうさかいに、まあまあ、なんとなくそういう気持ちで歩いたらええということやね。

27

座布団の使い方も知らん、と言われんように——①座布団の前うしろ

座布団《ざぶとん》というても最近は各種のタイプが作られてて、とくに家庭用は形も材質も寸法もいろいろ、カバー付きのものもあるわね。そやけど、いわゆる日本古来の座布団というのは、布団と同じように木綿ワタを打って作るもんで、寸法にも決まりがあって、真ん中と四隅で中ワタと外側の生地をしめ糸でとめてあって、そこから房が出てる。外側の生地（絹、麻、木綿など）や中ワタの厚みなんかで、夏用とか冬用とか、お客さん用とかに使い分けてたんやね。

先日、女将が入りたての若い女の子に、広間に座布団を並べとくようにたのんだら、前うしろがバラバラになってたというんです。それで「座布団ていうのはこうこうで、縫い目のない、わになってるほうが前なんやで」と教えたら、「え？　座布団に前うしろってあるんですか？」と驚いてたそうです。そうか、いまどきの若い子は家で座布団なんか使うことないから、知らんのが普通なんかとちょっと愕然《がくぜん》としたんですけど、日本料理に携わる人間としてはそれくらい知っとかなあきませんね。形はピッタリ正方形やのうて、前うしろのほうがちょっと長めの長方形。それで真ん中に出てる房《ふさ》は前側に流しておくのが決まりです。

28

座布団の使い方も知らん、と言われんように——②座布団は足で踏まない

さて、次に実際の座布団《ざぶとん》の座り方はどうやろか。座る時には、座布団の上に立つのはあかんね。ましてやその上を歩くのは言語道断。男でも女でも、座布団は基本的に足では踏まないというの

が原則です。またぐのもよろしくない。とくに女性はね。よその家で座布団をどうぞ、とすすめられたら、まずは座布団をはずして挨拶をして、それから座布団のうしろ側からちょっとだけ両ひざをかけて、座布団の両脇に手をついて体を持ち上げるようにして、2、3回にじってちょうどええ位置に座るというのが一般的なお作法やろね。

マナー本なんかで、横から座布団の上に上がると書いてあるようなのもあるみたいやけど、僕はうしろ側からにじっていくほうが格好がええし、着物の場合なんかでも無理がないと思う。

よう宴会なんかで、最後に1本締めとかいうて全員で座布団の上に立って、おまけにそれが終わったら全員が座布団の上を歩いとる、というような光景を見かけるけども、あれはちょっといただけませんな。スペースがのうてやむをえず、という場合は仕方ないにしても、ちょっとはずせばすむことやから。先輩や上司からお酌を受ける時なんかも、座布団をはずして正座するのが最低限の礼儀。僕、これでも体育会系やから礼儀にはうるさいんですよ。

29 壁や柱にはもたれたらあかん

座敷に入って、すぐに壁や柱にもたれる人がいるでしょう。あれは見てて冷や冷やしますなあ。新建材の安もんの壁やったらどうっちゅうことはないかもしれんけど、本物の土壁やったら、すぐに傷ついたり剥《は》げ落ちたりするわね。高級料亭なんかで使われてる聚楽壁《じゅらくかべ》なんていうのは、本物やったらそらもう貴重なもんで、ぬり直すとなったらえらいお金がかかるし、ヘタしたらもう手に入らんということもありえるからね。

だいたい土壁というのは、剥げ落ちたら剥げ落ちたとこだけをぬり直せばええというもんやないんやね。そこだけ色が変わってしまうから、けっきょく部屋中の壁を全部ぬり直すことになってしまう。

漆喰《しっくい》の壁も、もたれたところだけが光ってきたりします。床柱《とこばしら》かて、お客さんがあんまりもたれはるから、ちょうどその頭の位置だけが整髪料の油で色が変わってしもうてる、というのも時々見かけますし、ええ木が使《つこ》うてあって細い細いのもありますからねえ。折れることはないにしても、なんやこわいですわ。

まあ、どんな壁でも柱でも、もたれないというクセをつけたほうがええですね。むやみに手でこすったりするのもあかんし、もちろん、障子にも襖《ふすま》にももたれたらあかん。座敷でもたれてええのは座椅子と脇息《きょうそく》ぐらいのもんやろね。それ以外のもんにもたれることは、お行儀の悪いことなんや。

30

床の間は大事な場所、最低限それだけは覚えといてほしい

このごろね、床の間がない家が増えてるんやね。この前も女子大生が、「あそこは何するとこですか」て言うてはったけど、床の間を知らん若い人も多いみたいや。料理屋でも時々、床の間に自分のカバンとか荷物を置いてる人がいてはるけど、たとえ場所がなかったとしても、あれはやっぱりマナーに反してると思うなあ。床の間というのは、その部屋でいちばん格の高い大事な場所、つまり上座で、そうやからこそそこに掛け軸や花を飾るんであって、板張りの床の間であったとしても、荷物置き場ではないんやね。

そやけど、東京へ来て一つ驚いたことがあって、東京ではお客さんの上着を床の間に置くというんやね。大事なものということでそういう慣習があるということらしいんやけど、京都では考えられへんことやなあ。京都ではお召し物であっても一応荷物ということで、そういうものは下座に置くんやね。「みだれ籠《かご》」いうて、衣類やハンドバッグなんかを入れる浅い箱みたいなもんを備えてる場合もあって、その場合はそこに入れて、やっぱりそれを下座に置くんやね。同じ日本でも、ところ変わればこれだけ違うことがあるんやなあ。

31

食べ終わったあとの器の扱い——もと通りにしといたら間違いない

お客さんを見てますと、お椀ものを食べ終わったあと、その蓋をひっくり返して重ねる人、ひっくり返さずにちょっとずらして蓋をする人、これが実に多いんです。「食べ終わったかどうか

サービスする人にわかりやすいやろ」というふうに気を遣《つこ》うてくれてはるようなんですが、はっきり言うてそれはやめといたほうがええと思います。

食べ終わったかどうかは、「お済《す》みですか?」とひと声かければすむことです。それより、ひっくり返して変にピターッとくっついてしもうたら、それこそ蓋がとれへんようになってしまいますし、蓋の表側に豪華な蒔絵があるような場合には、蓋をひっくり返すと傷をつけたり汚したりしてしまう可能性もあります。

もう一つようあるのが、向付の器に、醤油を入れたのぞき(小皿)をのせたりして、器を重ねるお客さんです。これも、下げやすいようにとの配慮らしいんですが、そこまでいくともはや迷惑の域に入ってきてますな。こちらからしたら、「あー、重ねんといてー」と言いたくなるような器もあるわけです。たとえば、向付が永楽さんの色絵の古いもんで、金彩で細かい絵の描いてあるものやったとする。すると、そっちが石ものやから、のぞきは土ものでいこかと、備前とか信楽を合わせる。石もののそんな繊細なとこへ、土もののゴツゴツしたもんをじかにのせてもろうたら困るわけです。だいたい、古い器、ええ器は重ねるということを絶対にしません。

「お出しした通りにしといてください(いらんことせんといてー!)」というのが料理屋としての本音やと思います。

32

抹茶は料理屋にとっても特別なもの

料理屋で食事の最後にお抹茶を出すというのは、やっぱり特別な気持ちがあると思うてもろうたほうがええと思いますね。うちでも、お抹茶は営業の一環というのとはちょっと違う。そうや

なかったら、何もお抹茶なんか出さんかてええわけで、そこにはちょっと一線を引いた気持ちがあるんやね。ただたんに食中のお番茶と差し替えてお煎茶を出すていうのとは違う。

もともとお抹茶というのは、その一碗をいただくことがメインイベントで、それをおいしくいただくためにちょっとした食事を出したり、お菓子を出したり、しつらえを整えたりするわけでしょ。お茶事やらお茶会というのはその一碗のためのセレモニーなんやね。料理屋で出すお抹茶は、それと同じではないけれども、その流れを汲んでるものであることは確かで、エスプレッソ出したり、コーヒー出したりするのとは少し違うと僕なんかは思う。それに理由を求めてもむずかしいて、そういうもんやと思うてもろうたほうがええね。

たいてい店側でも、お抹茶だけはこうしてまわして相手に正面向けて出して、そのあと一礼してというように、それまでの料理と比べると儀礼色が多少強まってるでしょ。そやからいただくほうもやっぱり姿勢を正して、相手の動きというか気持ちやね、それに応えるのが筋やと思うね。

33 抹茶の基本的な飲み方は知っといたほうがいい——①器は大事に扱う

お抹茶をいただく時に知っといたほうがええ最低限の作法というのがいくつかある思います。いちばん大事なのは器を大事に扱うということ。その気持ちやね。これはまあ、お抹茶をいただく時に限った話ではないけども、非常に高価なお茶碗が使われることもあるので、落としたり、傷つけたりすることがないように、基本的には両手で大事に扱うことです。どういうふうに持つとか、そういうことは二の次でええと思う。そして自分が身に付けてる堅いもんがお茶碗に当ったら割れてしまう場合もあるさかいに、たとえばブラブラするネックレスとか、ジャラジャラつけた指輪とか、ごっつい時計とか、そういうもんははずしておいたほうがええね。

それからあんまり高い位置には持ち上げない。よう器を高《たこ》う高うに頭の上まで持ち上げて、下からのぞくように裏側を見てる人がいてるけど、あれはあかん。落としたらあぶないし、スカートの下からのぞいてるみたいで品のええもんと違う。これは洋食器でもようあることやけど、レストランでもやめといたほうがええ行為やと思うね。

34

抹茶の基本的な飲み方は知っといたほうがいい――②茶碗の正面をはずして口をつける

お抹茶をいただく時には、お茶碗の正面をはずして口をつけるのが決まりごとです。よう見かけるのが、「お茶碗を3回まわさなあかんねん」とか言うて、一所懸命まわしてはる人。お茶碗をまわすというのは、正面をはずすという意味合いのもんで、何回まわすとか決まってるもんやないんです。だいたい2回半とか3回くらいまわせば90度くらいまわすことになるので、そういうふうに教わることが多いんやけども、要は正面さえはずしたらええ。まわすのは1回でもええんやね。逆にまわしすぎて、また正面がもどってきてしもうたらなんの意味もない。目がまわるだけや。

そしてお茶を飲み終わったら、最初に出された時のように、いったん自分のほうに正面を向けなおして、そこであらためてお茶碗の造りやら文様やらを拝見して、最後にお茶碗を返す時には、相手のほうに正面が向くようにまわして返します。大事なのはまわすことやのうて正面の位置。お茶碗やお道具をまわすということはすべて、正面の向きを整えるためにしてることなんやね。

35

抹茶の基本的な飲み方は知っといたほうがいい——③お菓子は先にいただく

お抹茶の場合、お菓子は先にいただいてしもうてからお抹茶をいただくのが決まりやね。もしお菓子を食べてる最中にお抹茶が出されたら、食べてる手をちょっと休めて、先方に合わせておじぎをしてお抹茶を受けます。それが優先。そのあと、料理屋の場合やったら、続けてお菓子を食べきってしもうたらええと思います。お菓子が苦手とか、量が多くて食べきらへんかったような場合は、料理屋やったらそのまま残しておいてもあかんことはないけども、お茶席の場合は懐紙なんかに包んで持ち帰るのが礼儀なんやね。それに、お抹茶を飲みながらお菓子を食べるということは絶対にありません。

ただ、茶道にもいろいろあって、玉露《ぎょくろ》なんかをいただく煎茶道《せんちゃどう》では、お菓子は途中でいただくんやね。お茶はごく少量を何回か振るまわれるのやけど、その1煎目（1回目のこと）と2煎目の間にお菓子をいただく、というふうに聞いてます。もしかしたら流派によっていろいろあるんかもしれませんけどね。僕は昔、お煎茶の席によばれた時に、お抹茶の感覚でお菓子を先に食べ

てしもうてえらい恥かいたことがあるんです。まあ、料理屋でお煎茶点前をして出さはるようなところはまずないので、まあまあ、これは余談ですが。

何が恥ずかしいかいうて、知ったかぶりしてるけどほんまは何も知らんていうのがいちばん恥ずかしいでしょ。知らんものは「無作法《ぶさほう》ですので」言うて教えてもろうたらええんです。知らんからというて、そういう場に行くことを避けてばっかりいるのは勉強する機会を逃すていうことや。そやからビビらんと、そういうとこへ出て行って、若いうちはどんどん恥かいたらよろし。僕なんか50過ぎても恥かきまくってますさかいに。

36

持ち上げるべき器は手で持って食べよう

カウンターの中におったらね、お客さんの食べ方がよう見えるんです。最近気になるのは、器を手で持たずにカウンターに置いたまま、口を突き出して猫背みたいにして食べはる人やね。お造りとか焼きものとかの大きい器ならわかりますけど、お椀とかご飯茶碗を手で持たないて、どういうことやろ。ちゃんと左手で持ち上げて、背筋伸ばして食べたら格好ええのにと思うねえ。

もともと日本料理の器ていうのは、手で持って食べるのが基本なんです。そやからうちでも、かぶら蒸しやらアツアツの蒸しものには、古袱紗《こぶくさ》いうて、お茶席でお茶碗の下に敷いて使うきれ地を敷いて、それを受け皿の上にのせてお出ししてます。それは、受け皿ごと持ち上げてもろうてもええし、古袱紗ごと持ち上げて左の手のひらにおいて、それで食べてもろうてもええようにね。それをせえへんから、なんでもかんでも「れんげくれ」とか「スプーンくれ」とかいう話になってくるんやね。持ち上げるべき器を下に置いたまま食べてるていうのは、西洋料理でいうたら、スープをスプーンなしで、直接スープ皿に口つけて飲んでるようなもんやと思うな。

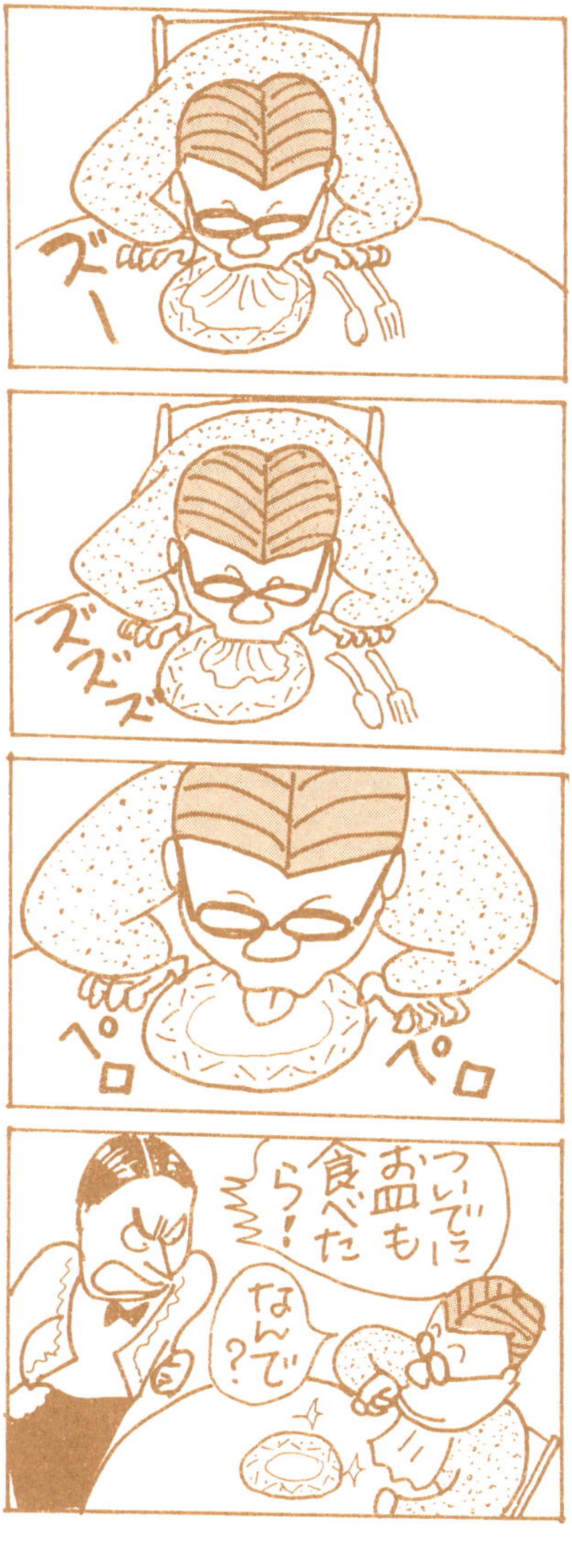

↙日本料理のマナーていうのは、どうしたらきれいに見えるかていうことなんやと思う。それは、ある程度自分で意識して考えたほうがええ。若い女の子なんかとくにそう思う。食べ方ひとつでえらい歳とって見えたりするからね。昔やったら、「背筋を伸ばしなさい」とか、「箸はねぶりなさんな（なめなさんな）」とか、家庭でうるさく言われましたけど、今の時代、そういうことをあんまり言わへんようになってしもうたからね。

37

足組み、両肘つき、犬喰いは100年の恋も冷めるよ

最近、若い女の子も店によう来てくれはってうれしいんやけど、中にはびっくりするような子もいてますなあ。きっつい香水つけて、ジャラジャラとアクセサリーつけたおして、胸のグワーッとあいたタンクトップ着てね。座り方はというたら足組んで、両肘ついて、カウンターにしなだれかかってんねん。そんなに胸が重たいんか、よりかからんと自分でしゃんと座ってられへんのやね。どういう状態になるかわかりますか。それで、器はカウンターに置いたまま、肘ついて食べるんやね。犬喰いですわ。ほんま、目のやり場に困るというか、困らへんというか（笑）。

服装なんか自由やし、それについて僕らがとやかく言う問題やないんですけど、とても格好ようは見えんさかい、ちょっとひと言ね。この食べてる姿見たら100年の恋も冷めると思います

もん。ただこれは今の日本人、老若男女、全般に言えることやと思う。食べ方に品格がないんやね。おばちゃんは筋力が衰えてきてるさかいに、別の意味でカウンターにしなだれかかるようになってくる。ある程度は自分で戒めて努力せんと、どこまでも落ちていってしまうからね。おっちゃんはおっちゃんで、自分の連れのほうにガーッと向きなおってしもうて、反対側の人には背中を向けてしもうてるんやね。これもあかんよ。隣の人にとってはものすごい気になる。やっぱ

りカウンターではみんな同じほうを向いといてもらわんとね。

一つアドバイスできることは、カウンターとかテーブルになるべくくっついて座ることやね。離れて座るとろくなことがない。くっついて座ったら足を組むこともでけへんし、肘をつくこともでけへん。多少でも食べる姿勢がようなることは間違いないと思いますよ。

38

心づけは感謝の気持ち――多すぎるのはどうかと思う

日本の場合、サービス料というのは普通はお会計の中に入ってるんやね。そやから基本的にそれ以上の金額を払う必要はないんや。そやけど、非常に気持ちのええサービスで、ようやってくれはったわと思うた時に感謝の気持ちとして渡す、それが心づけやね。

渡す側として気ィつけなあかんのは、お金をあげさえしたら喜ぶやろうと思うてるのは間違いやということ。必要以上にようけのお金をチップとしてもろうたりすると、なんかお金で横っつらを張られたような気になるんやね。そやから、やってくれた内容に対して感謝の気持ちを伝えるのに、どの程度の金額が妥当かていうのを見極めなあかん。

まあそれもＴＰＯによって違《ちご》うてきて、たとえば結婚の披露宴をしはった時に「ご祝儀《しゅうぎ》です」言うて３万円、厨房のみなさんでてくれはるのはありがたいことやね。もちろん、そんなんもらわんかてこちらの姿勢はなんら変わらへんけどね。そうやのうて、若いカップルが2人で食事に来て、仲居さんに心づけを1万円もくれはったら、「いやあ、これって知らはらへんのと違うやろか、ちょっと返したげなかわいそうなんちゃう」とか言うて、こっちも気になるんやね。

旅館でもね、僕は5000円も1万円も渡すことはないなあと思う。そら、家族8人で行って子供がバタバタして、いろいろ無理言うて面倒かけたなていうような場合は別よ。でもそうでの

うて普通に考えたら、その人がちょっとお茶飲めるくらいの額、いってもお茶とケーキくらいが食べられる額、ていうところが妥当なんと違うやろか。

39

心づけの渡し方ひとつにも、気持ちって出るもんよ

心づけの渡し方というのもむずかしいもんやね。日本は欧米とは感覚が違うから、やっぱりむきだしはあんまり感心せえへんなあ。ポチ袋に入れるか、きれいな紙に包んで渡すくらいがええのと違うやろか。のし袋はちょっと大げさな感じがするからね。

そやけど、そういうのんもケース・バイ・ケース。ちょっとした気遣い次第で、「急に無理きいてもろうてありがとう。これむきだしで失礼やけども、若い子らにコーヒーでも飲んでもろうて」と言うて渡すのやったら、「ああ、すんません、ありがとうございます」ていうことになって、まったくいやな感じはせえへんわね。何も用意がない時は、ティッシュなんかで包むよりはむきだしのほうがましやと思うよ。そうかて、ティッシュて早い話が鼻紙《はながみ》でしょ。要は気持ちやからね。「今日はありがとう。このポチ袋な、今度の新柄《しんがら》なんやけどちょっとええやろ、あげるわ」て言うてさりげのう渡してくれはる。そういうちょっとした心遣いとか、気持ちを伝えてくれはることが、サービスする側としてはいちばんうれしいと思うね。

第3章

45.お見送りの時がいちばん肝心

日本料理店の接客について考えてみよ

40

お客さんの情報はできるだけ細こうに聞かしといてほしい

予約の時に、ご家族だけの会食なんか接待なんか、お祝いなんか法事なんか、まあそれくらいは言うてくれはるケースがほとんどですけども、それだけでは情報として不十分なんやね。たとえば接待するほうが何名で、お客さんが何名で、そのうち女性が何名で、外国の方（どこの国かも）が何名で、そこそこ年配の方であるとか、お祝いなら何のお祝いか（栄転なのか、結婚記念日なのか、喜寿《きじゅ》なのか……）。

同じお祝いごとでもその内容によって掛ける軸が変わってくるし、器や花やいろんなところで雰囲気づくりのお手伝いができることもあります。そういうことをさせてもらえることが料理屋の喜びでもあるんですね。

また、好き嫌いがあるとか、ちょっと歯がお悪いとか、お客さんのうちの1人はお茶の先生で器に非常に興味のある方やとか、そういうことも事前に言うておいていただけるとありがたいです。あんまり細かいことまで言うと悪いんやないかとか考える必要はまったくありません。料理屋の側から聞きたいところなんですけども、あんまり根掘り葉掘り聞くと、なんや身上調査みたいでそれこそいやらしいですから。

ただその時には、電話口に主人か女将を呼ぶのがええと思います。基本的にどんな相談を持ちかけてもその場で判断できるのは主人か女将ですから、遠慮することはのうて、「ご主人か女将さんをよんでもらえませんか」と言うてもろうてええんです。それで態度が悪うなるような店なら、そんなとこへは、はじめから行かへんかったらええ。料理屋にはもっともっと相談を持ちかけるとええと思いますよ。

41

高下駄は昔のシークレット・ブーツ？

昔の料理人は、とくに関西の料理人はよう高下駄《たかげた》を履いてました。なぜかというと、厨房の床がタタキ（土やコンクリートの土間）で、水を流し放題にしてたんで、足元がぬれんように高下駄を履いてたんです。その高下駄にも種類があって、昔、学生さんがバンカラで履いてた高下駄は、歯が朴《ほう》の木でできてて ぶ厚い。一般に「朴歯下駄《ほうばげた》」といわれてるものです。これに対して料理人が履いてたんは、歯が樫《かし》で薄い。こちらは一般に「板前下駄」などといわれてたようです。今の時代は少のうはなってるけど、板前割烹店なんかではやっぱり履いてますね。

板前割烹店の高下駄というのはちょっと別の意味もあって、お客さんの前に出た時にそれなりに格好がつくということもありますけど、もともとはカウンターの板の高さに自分の高さを合わせるために必要やったんですね。そやから、カウンターの前から見たら、中に入ってる人間は全員おんなじくらいの背丈になってたわけです。身長によって下駄の歯の高さが違《ちご》うてて、2寸（約6㎝）から4寸くらいまである。言うてみたらシークレット・ブーツみたいなもんやね。

うちでは、料亭の「本店」は皆ズック（布製の白いスニーカー）かビニール製のコックシューズ、または長靴です。料亭でもあり板前割烹でもある「赤坂」では基本的に黒のスニーカーで、一部、雪駄《せった》（底に皮を張った草履《ぞうり》）を履いてる人間がいてる。というのも、「赤坂」は開業時からドライキッチンで、カウンターの板の高さを低くしてあるので、高下駄を履く必要がない。それにうちの店の場合、板前割烹というてもテーブル席や小上がり席がありますから、厨房スタッフ全員がお客さんの前へ出て接客をする可能性があるんですね。その時、裏方用の白いズック靴や長靴では格好がつかん。その点黒いスニーカーがええんですが、小上がり席へ上がる時にちょっと手間なんで、脱いだり履いたりがしやすい雪駄も併用してるというわけです。

一方、板前割烹の「露庵《ろあん》」では、最近まで全員が高下駄でした。そやけど、昨年の改装を機に「露庵」も「赤坂」に近い半ドライのキッチンにして、カウンターの板の高さを低くしました。それで高下駄を履く必要がなくなって、今はやはり「赤坂」と同じように黒のスニーカーか雪駄です。実用性から考えても、これからはやっぱりスニーカーの時代やろね。

42

仲居さんの着物はサービスの一環

料理人の制服は、もっと合理性のあるもんに変えたいと思うていろいろ考えてますけど（162頁・93参照）、仲居さんの着物はちょっと考え方が違います。あれはむしろ、サービスの一環なんやね。「菊乃井」に来てくれはる人が何を求めて来られるか。その中の一つに、京都らしい風情というもんがあるでしょう。東京の店でも一緒やと思うてます。そこで着物を来た女将や仲居さんがサービスすると、ああ、京都らしいなあ、日本らしいなあ、と思わはるわけやね。そやから、これはやっぱり変えるわけにはいかん。それもサービスの中に入ってるということやね。それと、テーブル席だけやったらええけど、座敷でのサービスとなると、やっぱり洋服ではパアパアしてあかん。洋服ていうのは椅子の文化の生み出したものでしょう。そやから、畳に座ってはるお客さんの前を歩くようにはできてないんやね。やっぱり畳に座ってのサービスは、畳に座る文化が生み出した着物が、機能的な面から見てもいちばん適ってるんやね。

43

日本料理店にも黒服が必要やと思う

うちの店では、仲居さんはみんな着物を着てますけども、帳場さんは洋服です。本店は仕事の分担がはっきりしてるし女将がいてるから、帳場さんが表に出てくることはないけど、「露庵《ろあん》」や「赤坂店」では、帳場さんはフランス料理店でいうところの黒服（フロア・マネジャー）に近いもんやと僕は思うてるんです。着物のほうがええのに、というようなネットの書き込みもあったりするんですけど、僕はそれは必要ないと思う。帳場さんはサービスマンと違《ちご》うて、お勘定とアテンドが仕事で、つまるところマネジメントの延長なんです。女将がいてへん場合は、お客さんの苦情を処理したり、全体的な調整をしたりで、実際にサービスする人間とは別の仕事があるから、そこはちゃんと分けておいたほうがええと思うんです。

もし、料理がちょっと遅れてしもうてるような場合でも、黒服が行って「ちょっと料理が遅れておりまして申し訳ございません」て言うとか、「主人、今日6時に戻ってくると申しましたけども、7時になると連絡が入りまして、申し訳ございません」て言うとか、現場担当の仲居さん

が言うよりも、納得してもらいやすいということがありますね。

「お客さんえらい怒ってはります」「ほな女将さんに行ってもらいますわ」言うて、女将が行って「なんやえらい粗相がありましたようで大変申し訳ございません」て頭下げたら、「いやいや、そんなにきつう言うてるわけと違うねん」みたいなことって実際にあるからね。仲居がいたらないとか、そういうこととは全然違《ちご》うて、ポイントは責任者が出て行ってきっちり謝るということ。お客さんのほうでも、それ以上怒り続けてたら大人として引っ込みがつかんようになってあとあと困る、というようなことやと思いますね。そやからそこらへんでやめときはる。どんな世界でも、とくにクレーム処理の場合は、誰にどのタイミングで何を言わすかが肝心やと思います。

44 心づけを固辞するのはサービス業失格やと思う

心づけを執拗《しつよう》に辞退してるのんを時々見かけることがありますけど、それはサービスマンのほうが失格やと思うね。気持ちようもろうてあげるていうのも必要なことやと思う。お客さんのほうがタイミング見計ろうて勇気出してくれてはんのに、「いえ、けっこうでございます」と言うて断るのは逆に失礼やなあと思うなあ。「いたりませんのに、ちょうだいしてよろしいんですか。ありがとうございます」言うてありがたくいただく。そのほうが双方、気持ちもええでしょ。

うちらでも、なんちゅう失礼な渡し方しはんねん、ていうような時でも、よっぽどのことがない限り、出してくれはったもんはいただくようにしてますね。腹の中で「人をなんやと思うてんねん、気分悪いなあ」とか思いながらでも、「ありがとうございます」言うて、顔で笑《わろ》うてね。そやけど、どう考えてももらいすぎやなあと思う時には、「いや、ちょっともらいすぎですわ。これ、1枚だけいただいときます。ありがとうございます」とか、「半分だけいただいときます」とか言うて、お返ししたりする時もあります。そうせえへんかって、なんぼなんでももらいすぎやていう時には、あとで何かお返しせんなんとか、またややこしい話になってしまいますからね。

そのかわり、「金払うさかいにカウンターでタバコ吸わせろ」みたいなお客さんには、「お金はけっこうですさかいお帰りください」言うてきっぱり断りますよ。お金さえ払《はろ》うたら何やってもええというのとは、全然話が違うことやからね。

45

お見送りの時がいちばん肝心

一度来てくれはったお客さんを次につなげるためのキー・ポイントは、お見送りの時にあると思うてます。お迎えする時がどうでもええと言うてるわけやないんですよ。そやけど、お迎えする時はすでに営業は終わってるわけで、帰らはる時は次の営業なんです。お見送りの時だけゴマすっとけばええということやのうて、「今日はご満足いただけましたでしょうか」と言うて、お客さんから感想やら意見やらを言うてもらえる場でもあるということですね。そやから、お見送りには必ず女将か主人が出なあかん。

たとえば、「今日の仲居さんはも一つやったなあ」「何か粗相でもありましたでしょうか」「いや、大したことないんやけどな、ニコッともせえへんなあ。まあ、今日はお客さんの接待と違うさかいええけどもな」とか、逆に「今日の仲居さんはよかったで。今度の接待の時もあの仲居さんにしてや」とかね。うちではそういう意見はすぐに帳場へ伝えて、以降のサービスに生かしていくようにしてますから、そういうことを言うてくれはるお客さんは非常にありがたいと思うてます。また「えらい申し訳ございませんでした。今後は重々気をつけますんで、何卒またよろしうお願い申し上げます」言うて、そうやって、次につながっていくこともある。口先だけやったらあかんよ。言われたことをちゃんと覚えといて、次の時に反映させなあかん。何とかもう一度来ていただきたい、終始そういう気持ちでおもてなしをすることやね。

46

たちの悪いクレームには、ひらすら「申し訳ございません」

商売をやってる人やったらだれでも一度や二度、たちの悪いクレームに引っかかったことがあると思います。僕かてあります。それでようわかったんは、とにかく何を言われても「申し訳ございません」、それしか言うたらあかん。いらん言い訳したらその言い訳に突っ込まれる。「若い子がちょっと疲れとりまして…」「それどういうことやねん。おまえとこはそんなに疲れさすまで若いもんを働かすんか」。「そのようなことはないように気をつけておりますが…」「そんなら俺がウソをついてると言うんか」。また向こうから「申し訳ございませんて、何が申し訳ないの

か言うてみい」て言われ、「今回のことにつきまして、誠に申し訳ございません」と返す。「それやったら誠意を見せてもらおか」「誠意と申しますと、どのようにしてお見せしたらいいでしょうか」「それなりの金を出すとかやな」。こうなったらもう立派な恐喝でしょう。出るとこ出たら負けへんと思いますよ。まあ、クレームのプロはそんな足の出るようなことは言わへんと思いますけども、それやったらこっちもこっちで、最後まで「申し訳ございません」で通すことやね。責任者の立場にない人やったら、「申し訳ございません」と言うて、すぐに上の人に報告すること。ビビッたり、感情的になったりしたら向こうの思うツボやから。

47 予約をお断りする時は最大の営業

予約の電話を受ける担当者には、常に客席を売ってるという意識を持ちなさい、と言うてます。そやから万一、満席でお断りするような場合には、必ず代案をお出しするようにと。「あいにくその時間帯は席が埋まってますけども、何時からでしたらご用意できます」とか、「何曜日と何曜日でしたらあいてございます」「日曜日でしたら何日と何日ならご用意できます」等々、誘導販売やね。それでお客さんのほうが「それやったら調整してもう1回電話します」と言うてくれはって、もう1回電話をくれはったら、たとえそれが予約に結びつかんでも、お客さんのほうには「断られた」という腹立たしさみたいなもんは残らないと思いますね。そやかて、1億2000万人の日本人の中で、うちの店へ来たいという意思を示してくれた数少ない貴重なお客さんに対して、何とかもういっぺん電話をさせたい、来《こ》さしたいというふうに思わんと。料理屋なんて、売り込みに行くわけにいかへんねんから、そこで営業せえへんかったらいったいどこで営業すんねん。お断りする時が最大の営業チャンスなんですよ。

第4章

49.まず仏壇。京都人はご先祖さんを大事にします

京都のこと、
ちょっとお話しましょか

48

京都はまだまだ法事社会です

東京やったら、それこそ中国料理やフランス料理で法事、というのもあるんやろうけど、京都ではまだまだ日本料理が主流です。うちの店なんかも法事でもってるようなもんです。やっぱり、それなりの日本料理屋でやらんことには親戚に笑われる、というような価値観がまだ残ってるんやね。ご先祖さまの法事をどれだけちゃんとするかということが、とくに旧家になるほど、非常に大事なことになってくる。これって、時代に逆行してるように見えるかもしれませんけど、僕は最近、そうやないんやないかなと思うようになってきたんです。法事というても呼ぶほうも呼ばれるほうも面倒で迷惑なだけやし、やめとこかというふうにどんどんなっていく。それってね、とくに都会の人間が孤立化していく大きな原因やと思うんです。隣の人が何をしてるかわからへん。親戚づきあいも近所づきあいもほとんどない。そんなふうやから、考えられへんような犯罪がおきたりするんやね。次の世紀は「心の世紀」と言われてます。これからは逆に、人が集まることやそういう場がもっと見直されていくのと違うやろか。

49

まず仏壇。京都人はご先祖さんを大事にします

京都に限ったことではないですけども、昔の人はご先祖さんを大事にしますなあ。僕は毎日、店の神棚に手を合わしてますけども、水を替えたり、ご飯を上げたりするのは店で当番が決まってて、その子らがやってます。そこでちゃんと手を合わしてるかどうかは知りません。「どうぞ料理の腕が上達しますように」、「今日も無事過ごさしてもろうてありがとうございます」と言うて、手を合わす気持ちがあるかどうか。それは人それぞれやからね。強制されてやるもんと違いますから。

もともと日本は森の民で「いたるところに神あり」やから、ほんま言うたら、いろんなもんに手を合わす気持ちがなかったら、料理なんか作られへんのやけどね。なんでて言われても、そんな理由なんかないんやね。そういうもんなんや。

お嫁さんが実家へ里帰りする時でも、「まずはお仏壇おがましてもらうわ」言うて、お仏壇に手を合わして、それからお父さん、お母さんに挨拶して、そこから「元気にしてはりましたか」ていう世間話になっていくわけで。そういううちで育った人間は、自然とそういうふうなことが身についてるわね。

何かいただきものがあった時は、まずはお仏壇に上げます。それまでは食べたらあかんのやけど、僕がつい手を出して食べてしもうたら、「あー、お父さんお仏壇に上げる前に食べはったでー、あー、食べはった食べはった、あかんでー」言うて子供らにおこられてますんで、あんまりえらそうなことは言えませんけどね。「なんや、まだ上げてへんかったんかいな、もう上げたんかと思うたのに」て言うのが僕のお決まりのせりふなんですけどね（笑）。

50

お茶屋さんはなぜ、一見さんお断り？

お茶屋さんていうのは、要は場所貸し屋さんみたいなもんです。自分のとこでは料理を作らはらへんので、料理屋から仕出しをとります。お客さんの希望で、和食、洋食、いろんなところからとりはるね。それで芸妓衆《げいこしゅう》というのは置屋《おきや》さんに所属してて、置屋さんからお茶屋さんに派遣されるわけやね。その料金はまず「宴会花《えんかいばな》」というて、2時間で3万円とか4万円とかて決まってる。それから、そこにプラスして行き帰りの交通費と所要時間というのが入ってくる。言わば通勤手当やね。もし渋滞でタクシーが混んでたらそれだけようけかかってしまう。そやから支払いはすべてあと精算なんや。

つまりはすべてツケ。考えてもみてくださいよ。料理屋でもなんでも、一見《いちげん》さんでツケは無理

でしょう。そやから紹介者が必要なんです。もし、そのお客さんが支払いをせえへんかったとしたら、紹介者が責任持って払わなあかん。要は保証人やから、ええ加減な人は紹介でけへんわね。僕なんかは、そんなんツケなんかやめて、込み込みにして適当なところに料金設定して、足らんかったら足らん、余ったら余ったで、両方あってトントンで、前払いにしたらええやんて思うてるんやけども、そこはやっぱり伝統を守ってる世界。なかなかそうはいかんみたいやね。

51

お茶屋さんに行きたかったらどうしたらいい？

お茶屋さんに行きたいけども、そんな知り合いもいてへんし…。そういう人は、京都の料理屋に行って頼むのも一つの手やと思いますよ。1回だけ食べに行ったくらいではなかなか信用してもらえへんかもしれへんけど、何回か行って顔見知りになってたら、たいがいの料理屋やったら「これからうちから○○さんが行かはりますから、あんじょう頼みます」言うて、連絡してくれると思いますよ。そのかわり「菊乃井さんのご紹介のお客はんが名刺おいて帰らはったけども、請求書お送りしても払《はろ》うてくれはらしまへんねん」てなことになったら、うちへ請求書がきて、うちが払わなあかんことになりますから、そのへんは心してもらわなあきません。

余談ですけど、もともとお茶屋さんの請求書というのは盆と正月の2回しかけえへんかったんです。半年間のツケなんや。巻紙みたいなんに御旦那様、一．何月何日、金なんぼ、一．何月何日、金なんぼて、ダーッと書いてあって、最後に合計金額が書いてあって、明細も何もない。それではなんぼなんでもなあいうて、最近、若い女将さんやらは、ある程度明細も書かはりますし、その時その時か、月締めくらいで請求しはるようになってきましたけどね。昔はそれでも大丈夫やったんやから、えらい世界ですわ。

52

お茶屋さんでのマナー——これだけはやったらあかんこと

お茶屋さんで一番嫌われるのは「金さえ払《はろ》うたらええやろ」言うて、場末のキャバクラかどっかと勘違いしてるように振る舞う品のないオッサン、あるいは、やっぱり「お金はあるよ」言う

て、破れたGパンにTシャツで、逆に気取ってるヤカラやね。やっぱり郷に入っては郷に従え、ていうことがありますから、それなりの普通の格好で行くべきやと思います。床の間の軸に目を向けるわけでもなく、踊りを見るわけでもなく、ただお酌させて芸妓衆《げいこしゅう》の体でも触ろうもんなら、バシッとやられますよ。「ここをどこやとお思いやす！」言うてね。

それもこれも、すべては紹介したほうの責任になりますから、紹介者に迷惑がかかるような振る舞いは慎まなあきません。

53

さかのぼれば京都中、親戚みたいなもんやという気持ちを持ってる

京都みたいな小さい街に住んでますと、もうそこらじゅう親戚だらけですわ。たまたま何かの席で一緒になった人と、どういう関係でここへ来てはるんですか？てな話をしてますと、「いや、うち親戚なんですわ」と言わはる。「え？　うちも親戚なんですよ」「ほなおたくとうちと親戚ですなあ」てなもんですわ。そうかと思えばある席で、「いやあ親戚どうし、よろしゅうお願いします」と言われる。きょとんとしてましたら、「おたくの妹さんがここに嫁いではるでしょう。その親戚へ今度うちの姪が嫁ぎまして……」てもうわけわかりませんわ。

そうやってさかのぼっていったら、もう京都中親戚みたいなもんでしょう。それくらい思うと

いてちょうどええと思いますわ。そやからヘタなことはでけへん。地方の小さな町や村というのはそんな感じやろね。１人嫁いだらもう10軒ぐらい親戚になって、それを繰り返してたら、もうみんな親戚や。誰がどこで見てるかわからんさかい、滅多なことはでけへん。そういう意識というのが、今の日本はどんどん減ってきてるんやろね。

僕らが小さい頃は、「そんなことしてたらよそさんに笑われまっせ」とか、「道を歩きもってモノ食べたらあきません。誰が見てはるかわからへんのに、親が恥かきます」とか言うて、よう怒られた。今はそんなせりふ聞かへんもんね。笑われるとか、恥かくとか。そういう教育って必要やと思うねえ。人としてあたりまえのことを子供のうちにきちんと教える、しつけるということ。それを画一化とか、没個性化とかそういう理屈とはき違えたらあかんと思うね。

54

京番茶って何？

番茶という言い方の由来は諸説あるみたいやけど、玉露《ぎょくろ》やら煎茶用に新芽を摘み取ったあとの茶葉で作るお茶、要は番外茶という意味なんやと僕は思うてます。そやから地方によっても何を指すかが違うようで、製法もいろいろなんと違いますか。まあ、あんまり上等なお茶ではのうて、「お番茶ですけど」て言うのは「粗茶ですけど」とおんなじような意味で使われることが多いと思いますよ。

そやから、京番茶というのは京都のお番茶。僕ら京都人にとってはただの番茶です。今、京都のお番茶というたら一般には、新芽を取ったあと残った茶葉や茎を蒸して、乾燥させてからロースト（焙煎）したもんなんやね。しかもハイ・ロースト。けっこうしっかりと焙《ほう》じてあります。葉や茎が多いうえに、普通の煎茶のように茶葉を揉むという工程がないからなんか、お湯を注いだだけでは出ません。煎じないとあかんのやね。よその土地の人に言わしたら、煙草みたいな独特のクセがあるということらしいけども、木に近いような茎まで入ってるからか、焙煎がきついからそういうふうに感じはるのか…。僕らは子供の頃からそればっかり飲んでるから、クセがあるて言われてもようわからんのやけどね。

55 京番茶は食中茶として最適やと思うてます

京都では、それぞれのお茶舗《ちゃや》さんでそれぞれのお番茶を持ってはります。もちろんお煎茶やらほかのお茶もそうですけどね。そやから、日本料理店でも、どこのお番茶を使《つこ》うてるかで、だいぶんお番茶の味が違うみたいです。

京都のお番茶は、お湯を注ぐだけでは出えへんので、1回グラグラ煮立てなあかん。そのあと火を止めてそのままおいとくんです。言うたら煎じ茶みたいなもんやね。一般的な京都のおうちでは、毎朝お番茶を沸かして、やかんのままおいてあるね。夏やったら冷蔵庫で冷やして、塩入れて塩番茶にしたりして。老若男女、みんなこれをガブガブ飲んでますな。

僕らにとってはただのお番茶。それが全国区になって、京番茶と呼ばれるようになったわけやけども、最近、京都のお茶舗さんでは、京都の人ではないお客さんから「お番茶ください」て言

われても、そのまますんなり京番茶を売ったらあかん、ていうことになってるみたいです。お番茶て言うたのにこれなんや、てなことになると困るからやろね。そやから最近では袋の裏に、飲み方の説明が書いてあることが多うなりました。

煮出すんやからそれほど繊細な風味がどうこういうわけやないんやけども、やっぱりお番茶でも煎りたてがおいしいんやね。そやから料理屋なんかでは、煎ってあるのんをもう1回焙じ直して出してはるとこもあるみたいです。僕は食中茶としては、この京番茶がいちばんええなあと思うてます。緑茶を飲むと、料理の微妙な甘みがわからんようになったりすることがあるけども、京番茶は渋さもないし、モノの味も変えないんやね。

56

京野菜って何?――①ブームの始まり

もともと京野菜、京野菜と世間で言われるようになった発端は、1980年代後半頃から、京都の料理屋の若主人の会（京都芽生会《めばえかい》）と生産者の若手有志の会なんかが中心になって「復活させよう　京の伝統野菜」という運動を盛り上げてきた結果なんやね。その「京の伝統野菜」という言葉が略されて、京野菜、京野菜と言われるようになったというわけ。

当時、種子保存のために京都府の農業総合研究所で細々と栽培されてた京都の伝統野菜は二十数種類程度やったと思います。今では堂々全国区になってる賀茂なすなんかは、価格競争で丸なすに完全に負けてしもうてたし、金時にんじんもその生産量は激減してた。堀川《ほりかわ》ごぼうなんか、作るのは大変やのに誰も食べへんから作られんようになってた。鹿ケ谷《ししがだに》かぼちゃという瓢箪形のカボチャも、これも全然おいしいことのうて、普通の日本かぼちゃのほうがおいしさかい、やっぱり作られんようになってた。そんな状況やったけども、地道な運動が実を結んで、絶滅寸前やった野菜なんかも栽培されるようになって、ほとんどの野菜が流通にのるようになった。望むと望まざるとにかかわらず、京野菜はブームになってしもうたんやね。

57

京野菜って何?――②現存する京野菜は46品目

「『京都の伝統野菜』として認定されたものと、『京のブランド産品』として認定された野菜の両方を指して『京野菜』という」というのが、今現在の、京都府やJA(農協)をはじめとする関連団体の認識となってます。

それぞれを簡単に説明すると、京都の伝統野菜というのは明治以前から京都府内で作り続けられてきた野菜のことを指し、絶滅した品目も含みます。一方の京のブランド産品というのは野菜だけに限らず農林水産物全般が対象で、いかにも京都らしいイメージを持ち、一定の出荷量と品質を備えるもの。そしていずれも、京都府内で生産されたものというのが条件となってます。
㈳京のふるさと産品価格流通安定協会の資料によると、京都の伝統野菜として認定されているものは現在38品目あるのやけど、そのうちの2品目はすでに絶滅してて、一方で京都の伝統野菜に準じるものというのが3品目あるから、現存する京都の伝統野菜は39品目ということになる。たとえば聖護院《しょうごいん》かぶ、田中とうがらし、鶯菜《うぐいすな》、桂《かつら》うり、柊野《ひいらぎの》ささげなんかがこれ。

これに対して京のブランド産品として認定されてるものは21品目。たとえば聖護院だいこん、みず菜、壬生菜《みぶな》、賀茂《かも》なす、えびいも、堀川ごぼう、九条《くじょう》ねぎ、京たけのこ等々…。それで、これらのうち14品目は同時に京都の伝統野菜としても認定されてる。

つまり、京都の伝統野菜39に京のブランド産品21を足して、両方に認定されているものの14を引けば46。現存するものということに限定すれば、計46品目が現在、いわゆる「京野菜」として正式に認められているということやね。

58 京野菜って何？——③野菜までプチ整形ブーム？

京野菜がえらいブームになってしもうて、京野菜と名がつくと高《たこ》う売れるというふうになってくると、京都だけやのうてほかの土地でも京野菜を栽培しようという生産者が増えてくるのは当然といえば当然やね。賀茂なすや九条ねぎのタネを宮崎やら徳島やらで栽培して出荷するわけやね。京野菜とは名乗れへんものの、「宮崎産の賀茂なす」とか、「徳島産の九条ねぎ」とかいうものがどんどん出てくる。「黒毛和牛　生産国米国」みたいなもんやね。

一方で京野菜の品種改良もどんどんすすんで、その結果、京野菜として売られてるけども、もともと僕らが知ってる野菜とは似ても似つかんようなものまでがどんどん流通してきてる。

雪の日に飛ぶ蝶
秋の終わりに咲くサクラ
真夏に冬眠するクマ
冬野菜の水菜を夏食べてる人
季節がメチャクチャになってきたなあー

↙たとえばみず菜なんか典型的な例やね。みず菜てね、もともと冬野菜で、寒い寒い時期にこーんな大きい株になるわけや。それを京都人は塩と糠で漬けて、高菜漬けみたいにして、細こうきざんで、ご飯にまぶしたりして食べてたわけやね。それを品種改良して、夏場にもできる野菜にしてしもうた。みず菜やからいうて、水耕栽培までするこたないやろうて僕なんかは思うけど、それを生でサラダとかにして食べてるわけでしょう。

そら、昔のみず菜てね、下にこーんな大根みたいな根がついてて、そんな生で食べられるようなもんと違《ちご》うたんや。堅いし、苦いし。京都では漬けもののほかは、油揚げと一緒に炊いてようおそうざいにしてましたな。

今のみず菜食べたら、もうびっくりするわな。味なんて全然ない。僕らに言わしたら、あの苦い味がみず菜の味なんや。そんな形だけのみず菜を夏にまで食べて、それで野菜たっぷりのナチュラルな暮らし、とか言うてるとしたら、チャンチャラおかしいわな。

59

「じゅんさいなお人」ってわかりますか？

この前ね、東京の人が、芸妓《げいこ》さんに「えらいじゅんさいなお人やねえ」て言われて、「そう？僕じゅんさい？　いやあ照れるなあ」とか言うて喜んでたけど、このおっさん、わけわかってへんなあと思うてね。じゅんすいとちゃいまっせ。じゅんさいでっせ。

じゅんさいなお人てね、ちょっとええかげんで、ちょっとずるうて、軽うて。そんなニュアンスかな。その時その時で都合のええことを言うて、どっちにもころぶみたいな。透明な粘液みたいなもんでおおわれたヌルヌルしたじゅんさいを知ってはる人の中には、つかみどころがない感じの人間を指す言葉やと思うてる人もいてはるみたいやけど、つかみどころがないんでも、無口でなんにもしゃべらんと、何考えてるかわからんような人はじゅんさいなお人とは言わへんね。そうと違《ちご》うて、ペラペラようしゃべって、軽口たたいて、ヘラヘラして、心にもないことを次から次へ言うて、そやけど裏で何考えてんのかわからん、けど暗くはのうて明るいし、どこか憎めない感じ。

ある男が女の子に、「なあ、今度デートしょうやー、また電話するわ、おいしいもん食べて、ええもん買《こ》うたるさかいな」とか言うてたとするやん。そんな男に対して、女の子のほうから、「口ばーっかりで、ほんまじゅんさいなお人やなあ」て言われるわけやね。芸能人で言うたら…そうそう、高田純次みたいなイメージかなあ。そう言うたらメチャメチャわかりやすい？（高田さん、ごめんなさい）。

60

町家ブームとちりめん山椒——どっちも東京向けの仕掛けやね

町家《まちや》ブームねえ。ええことやと思いますよ。空家が有効活用されて、昔からの景観が保たれて。でもそれもこれも、けっきょく対東京向けの仕掛けやね。ちりめん山椒と一緒ですわ。

京都ではね、昔からチリメンジャコが余ったりしたら、ああやって実ザンショウ入れて醤油味で炊いて、お茶漬けみたいにして家で食べてたんやね。あれが売れるもんとはだれも思わへんかった。それが売ってみたらものすごい売れた。へえー、こういうもんが東京の人らには好まれるんやってなもんで、商売の発想として目のつけどころがよかったんやね。

それと似たような感じで、町家て夏は暑いし、冬は寒いし、すきま風は入るし、それを何とか住みやすうしようと工夫しながら住んできたもんやね。実際にはそら住みにくいもんなんですけど、それがなぜか外国の人や東京の人らには受ける。僕に言わしたら、京都の夏は暑いというても、昔はせいぜい30℃ぐらいのもんやったと思いますよ。夕方になって打ち水でもしたら25℃以下になるくらいの。そやけど今はどうです？　ヘタしたら40℃くらいになりよるわけでしょう。そら、なんぼ水まいてもあかんやろ。それこそ焼け石に水や。そんなとこで、なんぼ簾《すだれ》下げて風を通しても、クーラーもなしに過ごせますかいな。僕やったらあかんね。逆に冬は暖冬で昔より楽かもしれへんけど。
そういうところで昔ながらの生活してます、て言うてはる人の中には、もしかしたらマスコミ向けに、よそいきの話をしゃべってはる人もいてると思いますよ。「こう言うといたほうが喜ばはるやろ」言うて、まあ一種のサービス精神かなあ。別にそれがええとか悪いとか、そういうことやのうて、現実とは違うかもしれんよということだけですけどね、ハイ。

61

京都弁講座──①「まったり」と「はんなり」は全国区になったけど…

最近、「まったり」とか「はんなり」という京都弁が世間でもよう使われてるみたいですけど、京都人からしたらちょっと使い方が気になる時がありますなあ。「まったり」というのは、もともと味の表現やと思いますね。まろやかで、ほっこりするような味。たとえば、「この塩辛、だいぶんカドがとれて、まったりしてきたなあ」とか、「この伏見のお酒、まったりしてておいしいなあ」ていうような言い方やね。あとは、色についても使うかなあ。「この赤ちょっと立ちすぎてるから、もうちょっとまったりした色にならんかなあ」ていうように。そやけど、「温泉行ってまったりしょーかー」とか、「あの人はまったりしてるなあ」というのは、ちょっと違うと思いますわ。気持ちはわからんではないけどね。

それに対して「はんなり」というのは人やものごとの様子を表わす言葉で、楚々として雅びな様子、慎ましいけどもあでやか、そんな感じやね。ゴージャスではないから、叶姉妹は「はんなり」とは言わん。それに品のよさみたいなもんも含まれるから、大阪のおばちゃんとはほど遠い（あ、えらい怒られるわ）。かと言うて地味〜ではあかん。そやけどおばあさんでもはんなりした人はいてはるから、年齢には関係ない。男に対しては、人そのものについては言わへんけど、たとえばネクタイの柄とか、着物の色とかに対してやったら使わんことはない。あと「あそこのお弁当、はんなりしてて、なかなかよかったで。お加減はまあまあやったけどな（笑）」みたいに、料理に対して使うような場合もあるし、むずかしいねえ。言語学者やないからようわからへんけども、もともとは「花なり」からきてるんと違うかなあ。イメージとしては野の花のような、僕はそう思うてるんやけどね。

62

京都弁講座──②「みんずり」と「えづくろしい」ってわかりますか？

どこの土地にもあると思いますけど、京都にも「まったり」とか「はんなり」みたいに、微妙な状況を表現する、おもしろい形容詞がいっぱいあります。「みんずり」というのも料理の世界ではよう言います。「このナスビ、みんずり炊いてあっておいしいなあ」と言うたら、汁をたっぷり含んでて、食べたらジュルッとするような、そんな感じやね。

「えづくろしい」というのも、時々言いますねえ。これもむずかしいんやけど、たとえば、男の子がもう声変わりして、小学校も高学年になってんのに、「おかあちゃーん」言うてベチャーッてしてきたらこれ、えづくろしいわねえ。暑苦しいとか、むさくるしいに似てるんやけども、微妙に違う感じもある。「うちの犬、小《ち》っちゃかった時はかわいかったけど、もうこんなでかい

のに、ウワーッとじゃれてきよるから、狭い家の中におったらえづくろしいわ」とかね。つまり、小さいもんに対してはあんまり言わへん。大きいなって、あるべき寸法からはみ出しそうになってて、なおかつ暑苦しい、むさくるしいというような表現に使うんかなあ。そやから料理で言うたら、器の寸法からはみ出しそうになってて、ゴチャゴチャあれやこれやがてんこ盛りになって暑苦しいような料理に、「これはちょっとえづくろしいやろ」と言うて量を減らしたり、器を大きいしたりするわけやね。

ちなみに、ぎゅうぎゅう詰めで窮屈な感じは「こづむ」とも言うねえ。10個入りの箱に12個も13個もお菓子入れたら「隣どうしくっついてこづむやろ」てな具合いにね。最近、僕の頭も情報量が多すぎてこづんでますわ。

63

京都弁講座――③「よろしかったでしょうか」は○《マル》？　それとも×《バツ》？

最近世の中では、「よろしかったでしょうか」という言葉がヤリダマに挙げられてるらしいですけど、何があかんのん？　京都人にとってはいたってあたりまえの言葉なんですけど。「ご注文はハンバーガーとコーヒーでよろしかったでしょうか」。これを「ご注文はハンバーガーとコーヒーでよろしいですか」でないとおかしいと言うてはるんでしょ。あるいはハンバーガーだけ注文した人に、「お飲み物はよろしかったでしょうか」ではのうて、「お飲み物はよろしいですか?」と言えということでしょ。

僕に言わしたら、「よろしいですか?」というほうが明らかに追加注文をすすめてる感じがしていややね。「よろしかったでしょうか」という言葉の裏には、あなたはひょっとして飲み物を注文するのを忘れてるかもしれないので確認しますけど、とか、(もしかしたらこちらが聞き忘

れてるかもしれませんけど）お聞きしてましたか？　とかいう意味が含まれてるわけです。「お飲み物はいかがですか？」て言われたら、「ああ、また飲み物すすめられた」と思うけど、「お飲み物はよろしかったでしょうか？」て言われたら、「はい、注文してません」とこうなるわけやね。

自分の認識とか自分の行動に対して間違いがなかったかどうか、相手に確認をしてるわけです。その確認をしようとしてる自分の認識とか行動はすでに過去のものですから、「よろしかった」という過去形で言うても何らおかしないわけでしょ。それをおかしいと感じる人がいはるんやね。いやあ、日本語って、ほんまにむずかしいねえ。

それより僕が最近気になるのは、「○○してもらっていいでしょうか」という言い方やね。もしよろしなかったらどうすんねん。言い方が違うやろ。電車の中でも「席を詰めてもらっていいでしょうか」と言わはる。これはまったくお願いしてないんやね。相手の意志で動けよということでしょ。そうやのうて、「詰めていただけますか」「詰めていただけませんか」とお願いすべきことでしょ。まあ、お願いせんでも詰めるのがあたりまえやろという意思を込めてるんやったら話は違《ちご》うてきますけどね。相手にものをたのむ時に、「○○してもらっていいでしょうか」は、僕は失礼やと思いますね。

64

京都人の会話術——どうでもええことを、なんやかんや言うて、ほなサイナラ

客観的な見方かどうかは別として、京都から東京に出てきて僕が感じたんは、東京の人は言葉数が少のうて、コミュニケーションがとりにくいということやね。たとえば…。

東京だと
今日は暑いですねえ
そうですねえー
で終わり
京都だと
えらい蒸しますなあー
ほんまにムシムシして気持悪いですなあー
お気をつけて
おだいじに
おおきに
ほなさいなら
となる
大阪だと
かなんなあー
どないもならんで
きいたァ?? 山田さんとこの話
えんえんとつづく

東京の人の会話‥「今日は暑いですねえ」「そうですねえ」（終わり）
京都人の会話‥「えらい今日は蒸しますなあ」「ほんまにムンムンして気持ち悪い暑さやねえ」「こういう湿気は体にこたえますさかい気ィつけてくださいねえ」「暑うてもカラッとしてたらええんやけどねえ。蒸すのはかなわん。あんたさんもお大事にねえ」「おおきに」「おおきに、ほなサイナラ」

暑いのはわかってますねん、それをどう暑いのか言わんことには会話が続いていかへんでしょ、ということですわ。京都で「今日はえらい暑いですなあ」て言われて「そうですね」で終わってしもうたら、あの人どっか具合いでも悪いんやろかと思われるわねえ。

うちの大女将なんかそらもうすごいですよ。ほんの些細な話を1時間ぐらいでもしますさかい。道端で人と会《お》うて「今年はよう雨降りますなあ」「ほんまにもう3日も降り続いてますなあ」「いつになったら梅雨明けますんやろ」「ニュースでは来週の末にて言うてはりましたけど、ほんまどっしゃろか」「ここんところ天気予報も全然あてにならんもんねえ」「それにしてもこの間の台風、九州の人やら、ほんま気の毒やったねえ」「なんや100人も被害に合わはったんでっしゃろ。まだ避難してはる人もいてはるんやねえ」「ほんまたいへんやわねえ。お年寄りもいてはるやろにねえ」とか言うて、ひとしきり話があっちこっち行って、「ほなサイナラ」言うて別れたあとで、「あの人誰やったかいなあ」てなもんですわ。

まあ、女将というのは、共通の話題のない人とでも話題を見つけて、それもあたり障《さわ》りのない話題を見つけて、なんなとしゃべって会話をはずませていくのが商売ですから、まあ職業病みたいなもんとも言えますけどね。

第
5
章

68.通じない言葉――「サラ持ってこい」「???」

こんなとこも違う「関西vs関東」

65

東京へ来て驚いたこと――①わざわざ高い予算を言わはる

東京へ来て驚いたんは、接待のお客さんの予算やね。「うちは、1万5000円、1万8000円、2万円でやらしてもろうてます」て言うたら、「それでは5万円でお願いします」て言わはる。「お2人でですか」て言うたら、「いえ、1人5万円で」。「そんな高いのん言うてもらわんでも、うちは十分満足していただけると思いますけども」て言うても、「いや、大切なお客さんですので」と言わはるんやね。で、「何をご用意しましょか、何かご希望があれば」ておたずねすると、「おいしいもんを、お任せします」。京都ではこういうやりとりはまず考えられへんことやね。京都の人やったら、冬場なら「てっさして、白子焼きして、カニを酢ガニで食べて、丸鍋して、それでなんぼでできる?」て言わはるやろね。それでこっちが「そら、3万円ちょっとかかりますなあ」「ほな2万8000円でいっとこか」「えー、そんなん無理でっせ」「何言うてんねん、そやけど5人やで」「5人様ですか。ほなやらしてもらいますわ」てな調子やね。お客さんのほうも店側も、商談ていうのはそういうもんやと思うてますからね。東京は高《たこ》う高う払いたい人がぎょうさんいてはんねやろか。

66

東京へ来て驚いたこと——②恵方巻きビジネスに思う東高西低？

節分にその年の恵方《えほう》（よいとされる方向）を向いて、そのあいだひと言もしゃべらんと巻き寿司を丸かぶりするていう、あの恵方巻きね。あれっていつ頃から始まったんやろ。もともとは海

苔屋さんの仕掛けなんか、何なんかよう知らへんけど、少なくとも僕が子供の頃には京都にはなかったと思うね。最近のブームはコンビニの仕掛けとも言われてるけど、どうなんやろ。

うちも、東京の百貨店で1本1000円で売ったんやけど、もう午前中でなくなってしもうて。最初、百貨店のほうからは、「1本3000円のはできないでしょうか」て相談があったんや。中の具を豪華にしてね。そやけどそんなん、3000円もするもんどうやってかぶんねん。「そんなんできませんよ」言うて、それで1000円にしたんや。中身は運がつくように「ん」がつく材料を七福神にちなんで、7つ入れてね。レンコン、ニンジン、カンピョウ、イクラ（これをナンテンに見立ててる）。それにキュウリとか、アナゴとかを加えて。

それがかたや京都の百貨店では、700円で売ると言うたら、「もっと安うできませんか」て言われる。5月に売り出した「母の日弁当」かて、東京ではいちばん高い8000円の弁当から先に売れていくけど、京都ではせいぜい3500円くらいと違うやろか。だいたい京都で弁当に8000円出すんやったら、どっか食べに行ったほうがええていう話になるわね。うちが出店してる日本橋とか二子玉川みたいなところは、高いもんのほうが売れるという傾向がより強いんかもしれへんけど、こんなとこにも西と東の差があるもんなんやねえ。

67

食欲前線は西高東低？——食べる量にも時代の空気ってあるね

東京へ店を出して、最近わかったことなんやけど、どうも東京の人のほうが関西人よりも、食べる量が少ないね。まあ平均しての話やけど。関西人には、お金払《はろ》うてんねんから食べな損や、みたいな気持ちがどっかにあるんかなあ（笑）。

それにしても昔と比べたら、食べる量はものすごう減ってるのは確かやね。僕が木屋町に板前割烹の「露庵《ろあん》」を出した平成元年頃は、そらみんな、ものすごう食べてましたよ。今考えたら、ようあんなに出してたと思うくらいポーションがでかい。焼きものでも1人100gつけてたからね。なんぼなんでもそんなにいらんやろういうことで、それが85gになり、今は70g。僕のほうにも、うまいもん腹いっぱい食わしたろうみたいな気持ちがあったし、自分自身も若かってなんぼでも食べられたし、バブル崩壊前で、まだ時代の勢いみたいなもんもあったんやろね。食べるほうも、「腹いっぱいや、腹いっぱいや」と言いながらも、どんどん食べてた。年配の方でもよう食べてはりましたな。

「露庵」をオープンする前の5年間、菊乃井木屋町店としてやってた頃は、1万5000円の会席に行列ができてた。信じられへんでしょ。「露庵」をオープンしてからも、昼も夜も30席が

2回転、ヘタしたら3回転近《ちこ》ういってた。その時の儲けがあったから、そのあと、バブル崩壊後やったけども、本店の改修にお金をかけることができたんやね。

68

通じない言葉——「サラ持ってこい」「???」

うちの店はどうしても京都弁が多いんですけども、東京に店を出してからは東京の子も増えて、いろいろ違いがわかっておもしろいです。この前、「これと違《ちご》てサラ持ってこい」て言うたら、皿を持って来た子がおった。笑《わろ》たわ。サラというのは関西弁で、まだ使《つこ》うてない新しいもんのこと。「これほかしとけ」言うても、「は？　どうするんですか」。「そやからほかしとけ」。言うても通じへん。関西弁の「ほかす」は「捨てる」という意味やけど、「ほかせ」言うてんのに捨てんといつまでも保管してたという笑い話もあるくらいやからね。最近はまあまあ、テレビなんかでも関西弁があたりまえのように使われてるから、昔ほどのギャップはないやろうと思うけど、「煮抜《にぬ》き玉子」も関東ではわかってもらえへん。ゆで玉子のことなんやけどね。「かしわ」は鶏肉のこと。これはけっこう知られてますな。

69

暦の話——関西人のほうがせっかちなはずやのに、お盆はひと月遅れやね

関東と関西は、いくつか年中行事の時期の違うもんがあります。まずはお盆。京都ではお盆は8月15日の大文字《だいもんじ》とリンクしてますから、つまり大文字が送り火なわけですから、その前がお盆です。それは変えられへんわね。でも関東ではお盆は7月でしょ。それから、お中元が京都は8月です。これも関東は7月やね。東京と京都と、両方で店やってますと、ややこしいてしゃあない。なんやカンが狂うてしまいます。東京で、もうお中元も終わりやなという頃に、京都ではお中元が始まりますさかい。

そやけど、だいたいそれくらいのもんで、あとの年中行事は東京も京都も最近は一緒ですね。お歳暮なんかも、昔と比べたら年々早《はよ》うなってますし、お雛様は3月3日。関西の一般家庭では今でも旧暦でやってはるとこもあって、4月3日が雛祭りというおうちもありますけど、料理屋ではそうはいきません。もう桜が咲いて、入学式やなんやていうてる時に、「うちは旧暦ですから」言うて、お雛祭りの趣向をやるわけにはいかへんからね。

それから、最近ほんまに早う早うなってるのが、おせちの予約販売やね。だいたい今、おせちの予約は10月20日頃からスタートなんです。そやからうちなんかでも、11月に入ったらもう売り

切れてしもうてるわけです。お客さんから「10月におせち買うやつがおるか。11月でなんでもう売り切れやねん、どういうこっちゃ」言うてお叱りを受けますけど、売り切れてしまうもん、しゃあないですがな。お歳暮もお中元も、すべてが早う早うなって、このままいったら1周まわって追い抜いてしまうんやないやろか。んなアホな。

70

お客さんの醸す雰囲気の違い――①相席の可否から思うこと

関東と関西の違いはいろいろありますけど、店の中でお客さんの醸し出す雰囲気というのもだいぶん違いますな。まず、自分がお客として行く場合、東京ではうどん屋（そば屋）でもなかなか相席はしにくい雰囲気なんやね。時代そのものがそういう、人とできるだけ関わらないという空気なんかもしれへんけどね。

僕なんか、関西でうどん屋とかやったら、店へ入っていって、大《お》っきなテーブルにおっちゃんが一人で座ってはったら、「あ、ここよろしか」言うて、勝手に座ってしまいますけど、関東でそれやったらいやーな顔されることが多いね。店の人も勝手に座ってもろうたら困る、みたいな感じやね。ちゃんと店の人がそのおっちゃんに言うて、それでよかったら「こちらにどうぞ」言うて、それではじめて「失礼します」言うて座らしてもらえるわけや。

僕に言わしたら、うどん屋ぐらい、そんなごていねいにアテンドしてもらわんでもええんやけどね。大阪や京都やったら、「よろしか」言うて座って、向こうからも何か話しかけてきはって、「今日はえらい暑いでんなあ。何食べてますのん、それうまいですか」とかきいて、「まあまあうまいでっせ」て言われたら、「ほな僕もそれ」とか言うてやるんですけど、東京ではなかなかそうはいかんね。

71

お客さんの醸す雰囲気の違い――②東京では馴れ馴れしいのは嫌われる

うちでも、京都の「露庵《ろあん》」と、東京の赤坂の店では、どうしてもおんなじような雰囲気にはならんのです。1階の入ったところが、カウンターと小上がりになってるというおんなじようなレイアウトにも関わらずね。まあ、ちょっとアプローチには差があって、東京は竹林の中を長いこと歩いてくるようになってるさかい、構えてしまうということがあるかもしれんけどね。それにしても、京都やったら初めて来はったお客さんでも、「今日は暑かったですねえ、最前《さいぜん》（さっき）まで雨降ってましたけど、濡れはらしませんでしたか、もうやんでましたか」とか言うて、「お飲み物、何にしましょ」とこうなるんですけど、東京でそれやったら、お客さんのほうが引かはります。やっぱり最初は、「いらっしゃいませ。どうぞこちらでございます」という感じでいかんと、なんや馴れ馴れしいと思われるみたいやね。まあ、東京の人でも、京都に来はったら多少ラフな感じにはなりはりますけどね。もうまわりがベチャベチャやから、どうしてもちょっとは染まってしまうんやろね。

72

お客さんの醸す雰囲気の違い――③金持ちに見せるか、貧乏に見せるか

東京では、やっぱりピシッとスーツ着て、きちっとした格好して、お金持ってますよていうような顔をして行くと、店側の扱いも違《ちご》うてくるというようなとこがあるわね。なんかみすぼらしい格好して行ったら、それなりの扱いをされるていうような。逆に京都では、肩書きがあろうがお金持ってようが、それがどうしたん？　ていうようなところがあると思います。街自体の大きさが全然違うていうのもありますけど、染色や陶芸とかの芸術家の先生なんか、モンペみたいなんはいて、信玄袋みたいなんさげて、ボロボロの格好してても、「あの人、人間国宝やで」ていうようなことが日常的にありますから、そのへんは免疫ができてるということもありますね。また逆に、わざわざ金持ちに見えんようにしてはるという人もいてはります。なんでですかてきいたら、「金持ちに見えたら金ようけとられるやろ」。さすがに関西人。発想からして違うね。

第
6
章

82.庭の見方――石ひとつにも意味があります

日本料理は
周辺文化が深いんや

73

何ごとにも真、行、草がある——要はTPOをわきまえるということやね

日本料理に限らず日本の伝統文化においては、何かと「真《しん》、行《ぎょう》、草《そう》」ということが言われます。真はもっとも正式な形、それを少しくずしたものが行、さらにくずしたものが草。簡単に説明するなら、書道の楷書、行書、草書みたいなもんやとはよう言われることです。服装で言うなら正装、街着、部屋着。暖簾で言うなら麻の暖簾、木綿の暖簾、縄暖簾というような感覚やろか。まあ、一種の格付けやね。格付けではあるけども、社長、部長、係長みたいに序列のはっきりしたもんとはちょっとニュアンスが違うと思う。並ぶ順番としては真、行、草の順やけど、ある意味、そぎ落としてそぎ落として、ものごとを極めつくした姿が「草」というとらえ方もあるからね。

なぜそんなふうに分ける必要があるのかと考えてみると、僕は、けっきょくはTPOをわきまえるというところに行き着くと思う。つまり、真には真の、行には行の、草には草の立場、役割、スタイルみたいなものがあって、それらをごっちゃ混ぜにしたらあかんということ。

たとえば、今日は料亭でご両家の結納《ゆいのう》です、という時には、やっぱりそれなりの正装で行くのが礼儀やわね。そやけど、今日は夕涼みの舟遊びでご両家の顔合わせを、というのやったら、浴衣《ゆかた》で行くほうが自然かもしれん。また料亭でご両家の顔合わせということであっても、正装は

やめときましょ、きばらん格好でいたしましょ、と相手側が言うてはんのに、やっぱり正装でないとあかんやろと正装で行くというのはかえって失礼にあたることもある。そういうふうに、その場その場でTPOをわきまえなさいよ、ということやね。

お茶の世界では、道具の取り合わせというのがありますけど、お茶碗が真の格のものやのに、そのほかのお道具が行のものであったり、草のものであったりしたらチグハグでおかしい。やっぱり真のもんは真のもんどうしを合わせるのが筋なんやね。

まあ、現代のファッション感覚からしたら、Gパンにタンクトップで本物のパールのネックレスしてみたり、着物にハイヒール履いたりするのんも全然平気。今風のオシャレやというんでしょ。これはもう、オヤジらからしてみたら、別の世界のできごとやと思わなしゃあないわね。

74 料理人の品格――コックコート事件

何年か前に、ワールドグルメサミットという世界的な食の祭典がシンガポールであった時に、日本代表として参加させてもろうたことがあります。世界各国からシェフが招かれて、それぞれのお国の料理を紹介して、交流を深めるというイベントです。

期間中のある日、主催者側から、「今日は首相がみえますので、皆さんコックコートを着用してください」というお達しがあったんやね。言うてみたら料理人のドレスコードや。それやのに、ある1人の若いシェフが、スニーカーに綿パン、Tシャツというういでたちで登場した。入り口で「今日はコックコートを着用していただくことになってます」て止められたら、「俺はいつでもこの格好で厨房に立ってる。そやからこれが俺のコックコートや」と言うわけやね。アホな料理人がおるなと思うたわ。

そのイベントに参加したんやったら、主催者側の意を汲んで、滞りなく会が進行するように協力するていうのが人間としてあたりまえの話やろ。自分はどうしてもそんなもんは着るのがいややというんやったら、それは何かほかの理由で、主催者側に恥をかかしたり、迷惑かけたり、気を遣わせたりせんような方法で辞退したらええだけの話や。仮にも国を代表して来てるような立場やったら、そんなとこで自己主張したり、パフォーマンスするべきやないと思うね。

最近、国家の品格とか、○○の品格とかいうて、「品格」という言葉がよう話題にのぼるようになりましたな。品格というのを広辞苑でひいてみたら、「品位。人に自然に備わっている人格的価値」て書いてある。相手の立場を尊重して、自分の立場をわきまえる。これも品格の大事な要素と違うかな。

75
お客さんの品格——トイレのスリッパ事件

お客さんの中にはいろんな人がいてはりまして、店に置いてあるもんを持ち帰るのが好きな人もいはるんやね。お持ち帰り品のベスト3を挙げてみましょか。1位はトイレの香袋《こうぶくろ》、2位はトイレの香炉《こうろ》、3位はトイレの花瓶。統計とったわけやないですけど、だいたいそんなところやと思いますわ。やっぱりトイレに置いてあるもんが断トツ。密室になっててコトが起こしやすいんやろね。香袋なんか置いても置いてもなくなるさかい、最近はお香を焚くだけで置かんようになりました。びっくりしたんはトイレのスリッパやね。そんなん、よそのうちのトイレのスリッパ持って帰ってどないすんねん、ていう話でしょ。どういう趣味なんやろ、いったい。ネットであんだけ店のクレーム書くんやったら、お客さんの側も、もうちょっとモラル持ってほしいよね。

76
やっぱりお茶って料理人の必修科目？

お茶に限ったことではないと思うけども、○○道といわれる道を極めようとすることは、ある意味すべて同じことのような気がするねえ。茶道、華道、香道、書道、ほかにもようけありますけど、いずれの道も、大事なのは細かい作法とかテクニックではのうて、何が美しいのかというモノの見方や、心のあり方といった精神的な部分なんや。そやから、それぞれに共通点も多いし、互いに影響し合ってる点も多いと思う。

僕のお茶の先生は、もともと剣道をやってはって、剣道がより上達するようにということで、お茶を始めはったんや。それでお茶のお稽古をするうちに、どんどんそっちのほうにのめり込んでしまいはったらしい。剣道や柔道も、競技としてとらえるとまた別なんやろうけど、根っこの部分では茶道とも書道とも、そのほかもろもろの○○道とも通じてるんやと思うな。

一芸は万芸に通じるで、何か一つそういう道を極めることは、日本の伝統文化の一つである日本料理に携わる人間として必要なことかもしれんね。その中でお茶はどうかていうたら、料理、花、書、建築等々、いろいろなことが総合的に関わってて、比較的すぐに直接的に役立つという意味では、料理人にはいちばん適してるかもしれん。剣道が料理に結びつくよりは、お茶が料理に結びつくほうが早いやろからね。そやけど、たとえば、どれだけええ先生に出会えるかとか、自分自身どういう気持ちで稽古をするとか、いろんなことを考え合わせると、必ずしもお茶がいちばんええとは言えへんと思う。いずれの道でも、作法というのは人の考え方とか心の持ち方に影響をおよぼしてはじめて意味をなすもので、それをたんなるルールとして丸暗記するだけやったらなんの意味もない。大事なのは作法を習うことやのうて、その奥にある精神を学ぶことなんや。

77

普通の和室と茶室はどこが違う？

①まずは、炉のあるなし

茶室というのも和室の一種やけど、茶室には「炉《ろ》」という囲炉裏の小型版みたいなものが掘ってあるんが一般的やね。お茶の用語では「炉を切る」というふうに言うんやけども、その炉には灰が入れてあって、その上で炭を起こして、そこに釜をかけて湯を沸かすんです。それが夏場になると、炉が切ってあったところの畳を1畳分入れ替えて、何もなかったかのようにしてしまう。それで炉がない時にはどうやって湯を沸かすかというと、火鉢みたいな「風炉《ふろ》」という道具を置いて、その中で炭を起こして、釜をかけるんやね。

時々、畳の角に小さい四角い畳がはめ込んであるのを見ることがありませんか。あれは下に炉があるところ。炉が切ってあったところに小さな別の畳をはめ込んであるんです。畳1畳分を入れ替えると大変やから、そういうふうにして炉をふさぐ場合もあるんやね。

いずれにしても、炉が切ってあるところは大事な場所やから、絶対に踏まんようにしたほうがええ。下が掘ってあるぶん、ちょっと重さに弱いしね。だいたい、この炉が切ってある部屋は茶室と思うて間違いないはずです。ちなみに、お茶の世界では5月～10月が風炉、11月～4月が炉と決まってますけども、お点前の種類によっては、風炉は1年中使います。

78

普通の和室と茶室はどこが違う？——②茶室の造り

だいたい炉が切ってある部屋は茶室と思うて間違いはないんやけども、もっと広い意味で言うと、炉が切ってないからというて茶室でないとは言えへんし、逆に普通の和室に炉だけ切れば茶室になるかというと、それもほんまの意味ではちょっと違うと思う。

いちばん広い解釈をすれば、「ここはお茶を点《た》てるための部屋です」と当人が言うて、そのように使えばそれは茶室やと思うね。勉強部屋や寝室とおんなじような感覚で、広さに決まりがあるわけでもないし、何がないと絶対あかんという縛りがあるわけでもないと思う。

そやけど、世間一般でお茶室、お茶室というて、侘びさびの風情がどうのこうのと言うてんのは、いわゆる「草庵《そうあん》の茶室」やね。広さは4畳半以下（お茶の世界では「小間《こま》」といいます）、天井は形式がいろいろあるけども一般的には低め。「にじり口」というて人間が座ってかがみ込まな入られへんような入り口があって、小さめの床の間があって、床柱《とこばしら》があって。そういう柱や鴨居《かもい》、その他すべての寸法がちょっと小ぶりに造ってあって、おのずと謙虚な姿勢になるようにできてる。考えてもみてくださいよ。その4畳半の中に、大の男が3人も4人も入ってお茶を点て、それをいただくわけでしょう。普通やったら狭《せも》うてかなわんと思うわね。それが、そう感じへんように造ってあるのが草庵の茶室なんやね。

それから基本的に、茶室には出入り口が2つあります。1つはお客さんの出入りするところ。にじり口もこれに当たります。もう1つはお点前をする人（亭主）、つまりホスト側が出入りするところ。これを茶道口《さどうぐち》（給仕口）といいます。たとえれば、玄関と勝手口みたいなもんやね。

ちなみに、小間に対して、4畳半以上の、6畳とか8畳とかそれ以上の広さを持つ「広間《ひろま》」と

いわれる茶室もあって、そこでは大寄《おおよ》せ（大人数が集まる）のお茶会が行なわれたりします。広間にはにじり口もないし、天井もそこそこ高いし、床の間やその他の寸法も普通。それでも茶室は茶室なんやね。

79 「数寄屋」って、つまるところ何？

数寄屋《すきや》、数寄屋ていうけど、数寄屋てけっきょく何なんかてきかれたら、これ、説明むずかしいわなあ。建築関係の用語辞典なんかでは、「数寄屋造り＝書院造りに草庵風茶室の手法や意匠を取り入れて造られた住宅」とか書いてあったりして、何とのうお茶の精神や茶室の意匠を取り入れた造り方、という感じもするけど、うちの店の施工をいつもお願いしてる中村工務店さんにきいてみたら、「数寄屋ていうのは好きなように造るさかいに数寄屋ていうねん」と言わはる。そしたら書院造りとどこが違うんかてきいたら、書院造りでも数寄屋といえるもんもあると言わはんねん。そやけど、一般人にしてみたら、ちょっと納得でけへんでしょ。そんな、好きなように造ったもんが数寄屋やなんて。

あと、よう聞く言葉に数寄者《すきしゃ》ていうのがあるでしょ。数寄屋が好きなように造った建物なら、数寄者は好きなように暮らしてる人、ということになるけど、僕に言わせると、数寄者というのは、お茶のたしなみが先生並みかそれ以上にあって、家元とか流派とか、そういうことを超えた大茶人みたいな人をいうような気がするなあ。そやから、好きなように暮らしてはるというても、大前提となるたしなみがあって、その上で世間のしがらみとか既成概念に縛られんと自由に暮らしてはる人ていう感じやね。それで、そういう数寄者が、決まった様式にとらわれずに自分の好みで作った建物を数寄屋というんとちがうかな。

誰でもかれでもが好き勝手に造った建物が数寄屋やったら、世の中数寄屋だらけや。数寄屋て何やろ。どなたか教えてください。

80

木にもそれぞれの役割があるんです

木にもいろいろと格があるのをご存知ですか？ 檜《ひのき》、杉、松、栂《とが》、栗、欅《けやき》、桐…。一般に建築によう使われるものですね。うちの店の施工をずっとお願いしてる中村工務店さんによると、こうした木にも真、行、草という位取《くらいど》りがあるそうです。真は檜、杉、松なんかの白木《しろき》（主として針葉樹）、行は栗、桐なんかの黒木《くろき》もしくは雑木《ぞうき》といわれるもの（主として広葉樹）、草は皮の付いたままの北山杉の丸太なんかがこれに当たるようで、欅は広葉樹で、本来行の部類に入るけど、格としては真の格に準じるみたいやね。

これらの木の中でいちばん格が高いのは檜です。京都ではその次が栂やろか。天皇陛下の御殿が檜造りやから、それに遠慮して京都では一般に栂がよう使われるようになったとも聞いてます。木肌が真っ白な檜に比べて、栂は少し赤みがあって堅いんです。

昔の古い建物なんかでは、玄関の上がり口のところに板張りの部分がありますね。一般に式台《しきだい》といわれてるもんです。その材質にもいろいろと意味があるんですな。神社やお寺には、欅なんかの堅い木がよう使われてます。堅い木は足の裏に当たった時に冷とう感じるんですね。人間ていうものは足の裏が冷えると緊張するそうで、神様、仏様の前へ行くときは気持ちがピシッとするように、多少なりとも緊張感を持ってということなんやろね。

うちの本店の玄関の式台には赤松が使《つこ》うてあります。松は、そんなに緊張せんでもええんやけども一応料亭ですさかいにそれなりに、というくらいの感覚やろね。東京の赤坂の店では2階の玄関の上がり口のところに栗の木を使うてます。栗の木も堅いんですけども、それをチョンナ（チョウナ）で削って、その削り跡を残して味わいを出してあります。そうすると足が当たった時に柔らこうに感じるんやね。それから「赤坂」の掘りごたつの中には桐の木が張ってあります。夏でも暑いことないし、冬でも寒いことない。足当たりが柔らこうて、緊張もせんと、ええ感じなんやね。

そんなふうに木の使い方ひとつで人に緊張感を与えたり、なごませたり。これぞ日本建築の技の粋《すい》やと思いますね。

81

腰張りの色で部屋の雰囲気がガラッと変わる

日本建築には「腰張り《こしば》」というて、土壁の下のほうに和紙が貼ってあることがあります。もともとは壁の保護と、すれたりした時に衣服が汚れんようにという両方の意味合いで貼るもんですけど、最近はデザインとして使われることもあるようやね。

貼る和紙の幅というのはほぼ9寸（約27㎝）に決まってて、これを1段貼ったり、2段貼ったりして床からの高さを調整します。それが1段なのか2段なのか、あるいは何色かによって、部屋の雰囲気というのが全然変わってくるんやね。凛《りん》とした感じを出そうと思うたらだんぜん白やと思う。そやけど白はすぐ汚れるから、常にきれいにしとこうと思うたら、しょっちゅう貼り替えなあかん。その点、紺色のほうがええというて紺色を貼ってはるとこも多い。そやけども白を貼ったらパキッとするし、部屋も広う見える。うちの店では白を一段で貼ってます。手間と経費はかかるけども、料理屋ていうのはそれが商売なんやから、できるだけこまめに貼り替えなしゃあない、そう思うてます。

82

庭の見方――石ひとつにも意味があります

日本の庭には見る庭と歩く庭とがあるけども、日本料理屋の場合は、その多くが見る庭やろね。うちの店の庭もすべて見る庭です。座敷に座ってながめることを想定して造られてるから、これを立ったまま見たんでは、造り手の意図が全然伝わらへんと思います。そやからやっぱり、ゆっくりと座って見てほしい。

名庭園として世に知られてるような庭には、それぞれ哲学みたいなもんがあったり、自然を映した物語があったりしますな。山からチョロチョロ流れ出た水が川になり、大河になって、やがて海にそそぐ、ていうようなね。そやけど、料理屋の庭でそこまでのストーリーのあるものは少ないと思うし、そんなこむずかしいことはなしでええ。要は、その庭を見た時に、なんとなく心がなごむなあとか、心にしみ入るなあとか、そういうふうに思うてもらえたらええと思う。そやからもし自分でこの庭ステキやなあと思うたら、店の人に「いいお庭ですねえ。心が落ち着きます」とか、何でも感じたことを言うてみたらええ。そうしたら、「これはこれこれしかじかの意図をこめて造らした庭なんです」とか、「ありがとうございます。お食事のあとこの縁側に座ってながめてみてください。また雰囲気が変わりますから」とか、「今咲いてます花が○○で、もうちょっとしたら○○が咲きます」とか、何かしら説明をしてくれて、話題が広がっていくかもしれません。

庭を歩く場合に気をつけなあかんことは、苔《こけ》は絶対に踏まんように。もちろん植物も踏んだらあかんけど、苔は面積も広うて、ついうっかり踏んでしまうことがあるんやね。苔は丹精して、何年もかかって育ててるものやからね。それから砂利も踏まんほうがええ。砂利は、お客さんが来る前にきれいにならしてあると思いますから。飛び石があったら、その上を歩いといたら間違いはありません。ただし、飛び石の上なんかに時々、留石《とめいし》というのが置かれてる場合があります。これは黒い縄で石を十文字に縛って、小包みたいにしてあるもんですけど、これが置いてあったら、ここから先は立ち入り禁止というサインなんやね。「芝生に入らないでください！」と書いた立て札を立てるのとは違《ちご》うて、なんとも日本らしい、おくゆかしい習慣やと思うね。

83

知っておきたい掛け軸のこと——①掛け軸を飾る意味はなんですか？

床の間のある部屋にはだいたい掛け軸が掛かってますよね。普通の家庭でも掛け軸というのは大事に扱うでしょ。大事なもんやから、座敷よりも一段高い床の間に掛けてあるんやね。そのことだけは心に留めておいたほうがええやろね。

お茶の世界やったら、茶室に入ってまず拝見するのが掛け軸なんや。普通はその日のテーマにちなんだ、亭主（主催者やね）の思いが込められたものが掛けてあるので、床の間の前に座って、一礼して、畳に手をついたままありがたく拝見するんやね。それくらい大事なもんなんです。そやけど、茶会でもなければそこまでする必要はないわね。

掛け軸がきちんと掛けてあるような部屋に通されたら、掛け軸というのは主人の思い入れが込められたものなんやということを頭において、一応は礼儀として目を留めるべきやろね。そこで何もわからんのに歯の浮いたような褒《ほ》め言葉なんか言う必要はないから、ええなあと思うたら、「心得がありませんので、すみませんが何と書いてあるのか教えていただけますか」と言うて、素直にきいたらええんやね。そしたら仲居さんなりが「『座《ざ》して松風《まつかぜ》を聞く』と書いてありまして、大徳寺の○○○○さんの書かはったもんやそうです」とか言うて説明してくれはるから、「ああ、そうですか。ありがとうございます」と言うてたらええんです。

仲居さんが「さあ、私もようわかりません」と言うようやったら、料理屋とか旅館として格好悪いし、ああ、そのレベルの店なんやなあと思われてもしゃあないわね。働いてるほうの立場からしたら、自分が担当する部屋の掛け軸の説明くらいはできるように、あらかじめきいとかんとあかんと思うよ。

知っておきたい掛け軸のこと――②誰が書いたかが重要なんです

掛け軸で大事なんは、当然書いてある文字とか絵ですよね。それで、まずは自分が「この字の感じ、好きやなあ」「この絵ステキやなあ」と思うかどうか、それがいちばんの評価基準になってええわけです。こういう好みはあくまでも主観の問題やからね。

それとは別に、一般的なものの価値として言われるのは作者やね。とくにお茶の世界では、字を書いた掛け軸を使うことが多いんやけども、その字を誰が書いたかということが非常に重要なんやね。なんでかて言うたら、それを書いてはる人たちはお寺のお坊さんやったり、茶道の家元やったりで、書道の専門家ではないんやね。そやから、字そのものがうまいとか下手《へた》とかという評価ではのうて、その人の哲学みたいなもんがそこには表われてる。言い換えたらその人自身がそこにいてはって、その哲学に共感するというような意味合いでそこに掛けてあるわけやね。そやから茶室に入ったらまず掛け軸に対しておじぎをして、ありがたく拝見するんです。

これは、そういうもんなんやなあということだけわかっといたらええと思います。わかりもせんのに、○○さんの書かはったもんですか、いやあ、すごいですなあ、なんて言うたかて、すぐに化けの皮は剥《は》がれるさかいね。わからんもんはわからんでよろし。

85

知っておきたい掛け軸のこと――③表装を見るのも楽しみのひとつ

掛け軸というのは、絵や字を書いた紙（本紙《ほんし》と言います）を、裏打ちして表装したものです。本紙を見るのは当然やけど、あと、まわりの表装というのも、掛け軸を見る上で大事なポイントなんやね。キンキラの帯状の生地が貼ってあったりするでしょ。あれですね。

本紙の上下に、帯状に貼ってあるきれ地が「一文字《いちもんじ》」というやつやね。上を上一文字、下を下一文字といいます。それからその周囲にぐるりと貼ってあるのが「中廻し《ちゅうまわし》」。こういうところの好みに表具師のセンスや持ち主の好みが表われるし、だいたい価値のある本紙には、価値のある表装がほどこしてあるもんなんやね。そやから、その一文字とか中廻しとかも、十分鑑賞の対象になるもんなんや。

古い掛け軸には古いきれ地が使《つこ》うてあって、そのきれ地にもちゃんとした名前や由来《ゆらい》があって、その文様を見てるだけでも、日本の古いデザインがわかったりしてなかなかおもしろい。掛け軸というのは、非常に奥深いものなんやね。

86

知っておきたい花のこと——①掛け軸と花とのバランスを考えて

日本各地の料理屋さんや旅館へ寄らしてもらうことがありますけど、「ああ、花がステキやなあ」ていうところは、ほんま少ないね。よう見かけるのは、床の間脇の違い棚に象牙の置き物、きめ

人間やったらダブル
デブでも
ダブルヤセでも
かまへんけど
勝手に
好きに
なったら
ええ
この
花は
この
掛け軸
に
暑苦
しくて
めまいが
するわ

込み人形、置き時計、しまいには石の標本みたいなもんまで、ここぞとばかりにズラーッと飾ってある。それで床の間はというたら、にぎにぎしいな花の絵の掛け軸で、その前に足付きの台にのせた花器、そこにいろんな花が山盛り生けてある。へタしたら掛け軸の替わりにペルシャ絨毯が掛けてあったりね。これはきつい。いっぱい飾るのんはやめなさいと言いたいね。

だいたい、お茶事の場合やったら、ほんまは掛け軸と花が一緒に床の間にあるという状況は少ないんやね。初座《しょざ》といわれる懐石と炭手前の席には掛け軸だけが飾ってあって、そのあといったん席をあらためて、後座《ござ》といわれる濃茶と薄茶の席が始まるというのが正式なんやけど、その後座では、掛け軸をはずして花だけを飾ってあるというのが一般的なんです。そやけど、今日は懐石、炭手前は省略します、という時など、途中で席をあらためない時には、最初から床の間に掛け軸と花、それに香合が飾ってあるんです。

まあそうは言うても、料理屋や旅館では、「なんやここは花も生けてへんのか」とお客さんに言われてしまいますので、両方飾るのがほとんどやと思います。それでも、たとえば掛け軸が花の絵の華やかなものやったら、花のほうはそれとかぶらんような渋めのもんにするとか、逆にあえて関連づけたものにするとか、もしくは飾らないとか、いずれにしても掛け軸と花とのバランスを考えんとあかん。それに掛け軸の真ん前にどかっと花を飾ってしもうたら、せっかくの掛け軸が見えへんでしょ。そういう場合はちょっと下座に花をずらすというのが一般的やと思います。

87

知っておきたい花のこと

②花台には決まりごとがあります

料理屋や旅館に飾ってある花を見て気になるのは花台《かだい》、花器の下に敷く台のことやね。僕はお茶の裏千家流の約束ごとしか知らんので、他の流派や華道界のことはわかりません。そのへん間違いがあったらごめんなさいやけど、何か一つ、そういう拠り所があるというのは必要やと思うね。伝統的な約束ごとには1本筋が通ってるし、それなりの合理性もあると思うので、それを知った上で自分なりのセンスを発揮していったらええと思うんです。

そういうわけで、僕自身は裏千家流の決まりごとにしたがって花台を使うようにしてます。日本料理もそうですけど、お茶の世界でも「真《しん》・行《ぎょう》・草《そう》」ということがよういわれます。真が正格《せいかく》で、行、草と順にくずれていく。くずれるというてもそれはむしろ風雅の境地としての「くずし」なんやけどね。花器にもその真・行・草があって、それによって使う花台が決まってくるんです（基本的には床の間に飾るという前提です）。

・真／古銅《こどう》、青磁、染付、交趾《こうち》などの花器　↓　花台は真塗《しんぬ》りの矢筈板《やはずいた》

・行／その他の石ものの花器、釉薬のかかった土ものの花器（萩、瀬戸、志野、唐津など）

↓　花台は真塗りなど塗りものの蛤端《はまぐりば》

・草／釉薬のかかっていない土ものの花器（備前《びぜん》、信楽《しがらき》、伊賀《いが》など）、竹製の花器
↓　花台は木地の薄板（蛤端など）

※畳が敷かれた床の間ではなく、板張りの地板床《じいたどこ》の場合は、板に板を重ねても意味がないので、基本的に花台は敷かずに、じかに花器を置く。また、夏場に使われることの多い籠《かご》の花器には、畳の床でも地板床でも花台を敷かないのが基本。

何のこっちゃと思われるかもしれませんけど、言うてることはこういうことです。まず、畳の床の間には、花器の跡がついたりせんように花台として薄板を敷く。薄板には塗りものと木地ものがあって、格の高い花器には塗りものを使う。塗りものの中でも、矢筈板といわれる端がΣ型にとがったもののほうが、蛤端といわれる端の丸いものよりも格が高い。塗りものを傷つける恐れのある花器には木地の薄板を敷く。そう考えていくと、なかなか理にかなった決まりごとなんですね。床の間以外の場所に飾る場合でも、考え方として参考にしたらええと思いますよ。

88 知っておきたい花のこと——③においの強い花はやめたほうがいい

日本料理屋というても、その規模もしつらえも雰囲気もいろいろやから、花のことも一概には言えへんけども、一つ言えることは、においの強い花はやめたほうがええということやね。これ

は料理の香りの邪魔になるからあたりまえのこと。そもそも豪華な洋花は日本料理屋には合わせづらいと思うけども、カサブランカとかユリなんかは、においが強いからとくに避けたほうがええ。和花でも、沈丁花《ぢんちょうげ》とか金木犀《きんもくせい》、梔子《くちなし》なんかは室内にはきついと思うな。うちの店では女郎花《おみなえし》も生けません。

もともと、大きな大きな花瓶に、グワーッとバラの花とかをいっぱい生けて、「ワアー、圧倒されるほどは華やかできれいやなあ」ていうのがヨーロッパの美意識。これは天井の高い、開かれた広い空間でこそ生きる花やね。それに対して、「バラの花１００本よりも椿1輪のほうが美しい」と感じるのが日本人の美意識。6畳とか、せいぜい12畳ぐらいで、しかも見るべき場所として床の間というさらに狭い空間が定められた日本の和室では、花瓶や軸の大きさ、花のボリュームまで、モノの寸法ていうのがおのずと決まってくるわね。そのバランスがくずれてしまうと品がない。一事が万事で、そういう品のない花を生けるような店やったら、ええ料理も期待でけへんなあと思われてしまうことになりかねん。そうかと言うて、１００畳もあるような大広間に椿1輪では貧相でしゃあない。つまるところ、その場その場に適切であることが美しいということなんやね。

89

花は主人が生けるべき——従業員や花屋さんでは切れない枝があります

日本料理屋でも旅館でも、花は花屋さんに生けてもらってる、というところがけっこうありますよね。豪華絢爛な花を求めるならそれもええけど、しっとりした風情を求めるのやったら、それではちょっとむずかしいやろね。花は生けてあることが重要なんやのうて、どのように生けてあるかが大事なんや。花屋さんが生けると、どうしても値打ちがあるような、花が主張するようなもんになると思うんやね。従業員に生けさせるというのもどうかと思う。従業員ではいらん花を思い切って切り落とせない。省けない。どうしてももったいないと思うてしまうんや。それこそ、千利休が言うように「花は野にあるように」生けるのやったら、相当に省いて省いて、そぎ落としていかんことには、野にあるような風情というものが出てこないんやね。自然の花は、群生地でもない限りそんなに束になってては生えてへんでしょう。秋風にゆれてる1輪の花、そのバックには青い空、そんな情景をイメージして、ああええなあと、しみじみした気持ちになるんやね。そのためには、どれだけ省けるかが鍵みたいなところがあると思う。そやから、花はその店の主人が生けるというのがほんまの姿やと思うんやね。

90

夏仕立て、冬仕立て——季節の変わり目に「ああ、日本人でよかった」と思う

毎年6月に入って10日くらいまでの間に、店の座敷を全部、夏仕立てに替えます。本店やったら襖《ふすま》を葦簾《よしず》に替えて、畳の上に網代《あじろ》を張って、座布団を麻のもんに換えて、暖簾《のれん》は白いざっくり

した目の麻に替えて…。畳屋さん、建具屋《たてぐや》さん、店のものみんながいっせいに集まってやるわけです。どんだけの手間と費用がかかるか。そやけど、やっぱりその日からは気持ちがピシッと入れ替わって、仲居さんの着物も夏物になって、花入れには籠が登場して…。ああ、日本人でよかったなあと思う清々《すがすが》しい瞬間やね。逆に9月10日頃には、いっせいに座敷が冬仕立てになって、秋から冬へと向かう季節の変化をしみじみと感じるんやね。

そら大変も大変、建具がすべて二重に必要ということで、保管しとく場所を確保するだけでもおおごとですけど、こういう面倒なことを続けていくことが日本文化を守っていくことやし、日本料理屋というのはそういう役目を担ってると思いますから、続けていかなあかんなと思うてます。昔は一般の家庭でもあたりまえにやってたことなんやけどねえ。

それを支えてくれる職人さんがいんようになってるということも由々《ゆゆ》しきことで、だいたい葦簾というものがもうないらしいんです。そもそも琵琶湖に、葦簾になるような葦そのものがほとんどないそうですから。古い民家を取り壊したり改築したりする時に出たもんをとっといてもろうたりしてるのんが現状です。そうするとちょっとアメ色に古びた、ええ感じのものが手に入ったりします。これも昔からそれを続けてる店やからできるんであって、うちでも東京の新しい店ではそこまで手がまわりません。伝統工芸のゆく末というのは、今の日本が抱えてる大きな問題やね。

お香の話——煙が立ってるようなのはあかんよ

お香《こう》とひと口に言うても、これがまたいろいろと奥が深いんやね。香りを分類して銘《めい》をつけたり、作法にのっとって「聞き香」（何の香りかをあてる）をしたり、それと文学を組み合わせたりしてお香の道をきわめていく「香道《こうどう》」というのもありますな。お茶席でも、基本的には炉や風炉の中で必ずお香を焚きますし、お寺で上げるお線香もお香の一種、お焼香《しょうこう》もお香やね。お香専門店に行くと、原材料も形も香りの種類も、実にいろんな種類のお香が揃ってます。ここでは、料理屋のお香についてちょっと話をしましょか。

料理屋では小さな香炉《こうろ》で、その店なりのお香を焚くのが一般的やと思いますが、時々、お香を焚く煙が香炉からたなびいてるような店がありますな。あれはあかんね。ましてやモウモウと煙が立ってるていうのは言語道断。客はタヌキか、て言いたなるわね。ただし、お寺やお仏壇のお香は別ですよ。あれは来る人のためやのうて、仏さんに対して焚いてるわけやから、煙がモウモウと立っててもええわけや。なんやご利益ありそうな気もするしね。そうと違《ちご》うて、料理屋のお香というのは、どんな種類のお香にしても、お客さんが入られる前に焚いておいて、火が消えたあと、ほんのりとその香りが残ってるという状態にしとくのがベストやと思います。

うちの店では、夏も冬も決まった香りのお線香を使《つこ》うてます。各店舗ともすべて同じ香り。まあ一種のイメージ戦略やね。それを本店では玄関と各部屋とお手洗いで焚き、板前割烹の「露《ろ》庵《あん》」と「赤坂」では、かえってお香の香りは邪魔になると思うので、お手洗いだけで焚いてます。いずれもお客さんが入られる約30分前に焚きますが、ものの10分ほどでお線香は燃えてしまいます。それで、お客さんが入られる頃にはちょうどええ、ほのかな香りがする状態になってるというわけやね。お香も、おばちゃんの香水みたいにきついのんはあかん。さりげないのがええね。

饅頭に隠された日本人の感性

日本人の感性て、やっぱり独特のものがあるね。お茶のお菓子なんかで、冬に真っ白な薯蕷饅《じょうよまん》頭《じゅう》が出てくることがあります。それでご銘《めい》はときいたら、「『松の雪』でございます」て言わはる。えっ？　どこが松の雪なんやろて、黒文字《くろもじ》でシュッと切るわね。そしたら中から緑色のあんが出てくるわけや。ああ、松の雪なんやなあ、なるほどなあと思うんやね。

それが秋やったら、真っ白な薯蕷饅頭に赤で1本、スッと線が引いてある。ご銘はてたずねたら「『竜田川《たつたがわ》』でございます」。竜田川というのは、古来から和歌にも出てくる紅葉の名所なんやね。白い山に赤い紅葉の筋が1本、ンーなるほど、竜田川やなあと思うわけやね。これが、白い薯蕷饅頭に赤い紅葉の葉がいくつも描いてあったり、赤やら黄色やらに全体が染めてあったりしたら、何やストレートすぎるというか、興ざめでしょ。それが日本人の感性というもんなんやね。

まあ、外国人にはわかりづらいから、お客さんが誰かていうことも考えんとあかんけど、日本料理の世界では、そういうイメージを膨らませるような控えめな演出とか、それを感じ取ることができる美意識というものをなくしたらあかんと思うね。

第
7
章

99.従業員のモチベーションの高さが何よりの宝

経営者として、心せなあかんこと

93

料理人の制服、思いきって変えてみたらどうやろ

店の経費で、クリーニング代ていうのはなかなかバカにならんもんなんです。シャツ着て、カッターシャツ着て、ネクタイして、白衣着て。シャツはまあ自分で洗濯すんのは当たり前として、店で支給してるカッターシャツと白衣のクリーニング代は店で負担することになる。クリーニング代は自前でという店もあるみたいやけど、それをやったらなかなかクリーニングに出さんと汚い汚いもんを平気で着てたり、自分で洗濯してヨレヨレのもんを着てたりということがおきてくる。店が負担してて、事務所へ行ったらきれいなもんが支給される状況でも、なんでそんな汚いもん着てんねんというやつがおるくらいやから、自分で出すとなったらよけいやね。それはあかんやろ、というのが僕の考え方なんです。ドロドロのもん着てる料理人がうまいもん作れるわけないと思うてますから。そやから、僕は料理人の制服を変えたいんです。ネクタイせんと、1枚で済むような合理的なもんにね。

それに、前から思うてたんやけど、日本料理の料理人はなんでネクタイしてんねやろ。あれ、きれいな手で締めてるとはかぎらんし、毎日おんなじもんしてて、あんまり清潔ともいえんわね。考えてもみてくださいよ。料理人ていうのはほとんどの時間、その白衣を着て過ごすわけです。

もっともっと動きやすさとか、快適さとか、追求すんのがあたりまえと違うやろか。立体裁断にして体にフィットしたもんにするとか、袖の付け方、縫い目一つにも、機能性てあると思うからね。そやのに100年以上前からほとんど変わってへんような白衣を着てるから、新しい発想も生まれてけえへんのや。これはむしろ経営者サイドの問題が大きいね。いちばん安いもん、いちばん経費のかからんもん、そういう視点でしかモノを見てへんから。白衣専門店の人らにも、本気で考えてもらいたいと思う。うちの店では昨年から白衣を変えましたけど、まだまだ第一段階。まったく満足はしてません。

94

4000円のお弁当には力を入れる

うちの本店では、お昼に「時雨《しぐれ》めし弁当」という4000円のお弁当を出してます。そのお弁当のお客さんていうのは、自分が食べたものが、素材も含めてそれだけの価値があったかどうかていうことをきっちりとジャッジしはります。お客さんの気持ちは、値段が安いほど料理そのものに集中していくんやね。そやから、天ぷらも入ってたし、焼きものも入ってたし、たっぷりしたお椀もついてたしな、とそういう方向へ考えがいく。昼の8000円のコースを注文しようかなと思わはるお客さんからは、何品出ますか?という質問が多いけども、夜の3万円のコースで何品出ますか？て聞かはるお客さんはまずない。安い料理ほど、料理そのもののお値打ち感がより大事になってくるんやね。そやから、僕は4000円のお弁当にはものすごい力を入れます。というのも、僕は商売を1回きりで終わらせる気なんか毛頭《もうとう》ないからです。絶対に次につなげようと思うから、4000円のお弁当にこそ力を入れるんです。実際に、「この前お昼にお弁当よばれたんですけど、とてもよかったから、今度法事の時にぜひまた使わしてもらいます」とか、「今度は会社の接待で使わしてもらいたい」とか、そういうお客さんがけっこういはるんですよ。昔はお弁当のお客さんはお弁当だけのお客さん、そんな感もなきにしもあらずやったけど、今はだいぶ違《ちご》うてきてます。お弁当のお客さんは、即、夜のお客さんやと思うてます。

95

安いお客さんほど大事にしなさい

店の主人や社長の思いというのは、なかなか従業員には伝わりきらんもんです。1500円のお弁当でも、やろうと思うて一所懸命やってる主人の思いと、従業員の思いは必ずしも一致してないんやね。うちの本店でも、昼4000円の「時雨《しぐれ》めし弁当」を出してますけど、ともすると従業員が「4000円でえらいねばりはるなあ」みたいなことにならんとも限らんので、「4000円のお弁当のお客さんこそ大事なお客さんなんやから、よっぽど気ィつけよ」言うて、いっつも注意してます。考えてもみいと。4000円のお弁当2人で8000円や、それにビールを1本飲んで1万円払わはる。昼間から1万円も出してくれはるお客さんなんてそうそうおらへんでと。昼4000円出してくれはるお客さんは、ええと思うたら絶対いつか夜の1万5000円の会席も食べに来てくれはる。そういう人やから、お昼に400円のきつねうどんやなしに、4000円のお弁当を食べに来てくれてはんねん。お弁当のお客さんをなめたようなことしたら絶対にあかんで。そう常に常に言うて、主人や女将が率先して行動にうつしてても、なかなかむずかしい。人間てそういうもんなんやね。そやから、言うて言うて、言い続けるしかないんです。

96

川の底の岩のようなお客をつかめ

僕もね、若い頃は、いつかは有名な雑誌やらテレビやらに出られるようになりたいと思うてたね。その頃てね、テレビとか雑誌に出たら365日店が満席になって、バンバン儲かると思うてたんや。そやけど、そんなことはなかった。ある時、瞬間風速的にはそういうことがあっても、そうそう何年も何年も同じような状況が続くかというとそんなもんやない。赤坂の店も、「なんやなかなか予約とれへんらしいですねえ」てなこと言われるけども、当日でも空いてる日もあるし、いろいろやね。そやから、メディアの言うてることと人の口と現実とは多かれ少なかれギャップがあるもんなんや。

川でたとえると、一時の人気、つまりブームは、川の上を流れていく木の葉みたいなもんやと思う。上流からわんさか木の葉が流れてくると水面がもう見えへん。ああ、すごい流れやなあと思うけども、けっきょくはどこかへ流れていってしもうて、最終的には海へいってしまう。そやけど、川底にある石はずっとそこにあって、めったなことでは動かへん。そんな石のようなお客さん、「菊乃井」やなかったらいややと言うてくれるお客さんが、どんだけいはるかが大事なんやね。木の葉だけに目をとられて、木の葉を集めるようなことばっかりやって、その木の葉が永遠にあるような気になって、底の石のことを忘れてしもうたら、そこの店はもう終わりやね。木の葉がのうなってハッと気づいた時にはもう遅いということや。メディアへの出方をコントロールせなあかんというのもそこなんやね。

97

予約がとれないと言われる店ほど、注意せないかん

最近、予約のとれへん店が何かとマスコミに取り上げられてるけども、これはようよう注意せなあかんことやと思うね。満席です言うて断ってて、人気のある時はええけども、いずれ絶対に人気はなくなるから。ブームになったらブームは去るんや。ただ主人はね、常に謙虚でないとい

かんと思うてて、実際に自分自身も戒めて日々過ごしてると思う。そやけど店が忙しいてそういう環境に置かれると、従業員のほうがそうはいかんようになってくるもんなんやね。俺の働いてる店はすごいんやと勘違いしてしまう。そうなってくると、電話応対の語尾のイントネーションひとつでも、お客さんは敏感に感じるわけや。「今日ですか？」というひと言に、「その日に電話して予約なんかとれるわけないやん」、ていう心が表われるんやね。人間ていうのはこわいもんで、

従業員の語尾からちょっとした仕草までがそんなふうになってくるもんなんや。

ある京都の一流企業の会長さんが言うてはった言葉ですけど、「企業人というのは常に謙虚でいようとみんなが思うてる。謙虚でいないと、モノがちゃんとジャッジでけへん。そうすると世の中の流れとか動きとかに鈍感になる。そやからおごったらいかん、謙虚でいないかんと、100人の経営者がいてたら100人ともがそう思うてる。そやけども、ともすればそれをついつい忘れてしまうんや」。僕自身、胸にきざんでる言葉ですわ。

98

公用車の使い方ひとつにも人柄が出るもんやね

僕が尊敬するある経営者の方の話なんですけど、ようちの店へも来てくれはる方なんです。料亭の本店のほうに接待で来はる時には、黒塗りのクラウンとかが外で待ってるんやね。その方が、板前割烹の「露庵《ろあん》」のほうに来はったことがあって、その時もお車が待ってはるかなと思うて、お帰りの時に「お車どちらですか、お電話しますけど」て言うたら、「いやいや、今日はプライベートやからタクシーで来たんや」と言わはるんやね。

普通、大会社の社長さんやったら、プライベートでも運転手さんが待ってはって、ていうようなこと、あたりまえにあるじゃないですか。それがその方は、「私がここでご馳走をよばれてる時まで社員を前で待たせとくほど、うちの会社は裕福と違うよ。そんな時間があったら会社へ帰らして仕事さすわ」て笑《わろ》うて言わはる。それに、「人間はみんな、ご飯を食べるために働いてるんや。そのご飯を自分のお金で食べへんのやったら、なんのために働いてなんのために給料もろうてんのかわからへん」と言わはる。いやあ、経営者の鏡やと思うたね。どっかの政治家さんやらにも聞いてほしいわ。

99 従業員のモチベーションの高さが何よりの宝

うちの本店の仲居さんの給料は、最低保証金額を会社で保証して、あとはサービス料15％のうちのほぼ全部を仲居さん全員で分割するというシステムです。ある種の歩合制やね。その日のサービス料（チップ含む）を会社が管理して、その日働いた仲居さんに均等に分割する。均等というても年齢と役職は考慮されてます。つまり、自分たちが働いたら働いたぶんだけ給料が上がるということになってるわけやね。

そやから、仲居さんらそれぞれの感覚が、非常に経営者に近いものになってる。「今日はヒマですねえ。去年よりヒマと違いますか？　私らでホテルでもまわってきましょか」ていうようなことを、仲居さんが言うてくる。また仲居さんらどうしでも、「あんた、そんないい加減なサービスして、もしあのお客さんが二度と来てくれはらへんかったらどないするつもりやねん」「ほかの人はみんなお座敷2つ持ってんのに、あんただけ1つやないか。もっとがんばらなあかんよ」ていうようなやりとりがある。4月とか11月のいちばん忙しい時期には、「ヒマな時期にまとめて休みますから」言うて率先して働いてくれる。

仲居さん自身が、「このお客さんいつまでおるんやろ。早よ帰《は》ったらええのに。私かて早よ帰りたいのにかなわんなあ。もうどんどんお料理出してしまおかな」ていう気持ちでサービスするのと、「いや、そんなどんどんお料理出して、早よ帰らすようなことはしたらあかん。また来てもらわなあかんし。私が残ってるさかい、みんなは先に帰ってええよ」ていう気持ちでサービスするのと、お客さんにとってどっちが居心地がええかて、言うまでもないことやわな。先に帰るほうの仲居さんらも「ほな悪いけど今日は先に帰らしてもらうわ。この穴埋めは今度するさかいな」という話になって…。これって、経営者が「残業代出すからあんた残ってなさい」て言うのと、責任感もチームワークも全然違うわね。サービスというもんは、そういう従業員のモチベーションの高さというのが如実にあらわれるもんなんやと思うね。

100

会社の方針を徹底させることが最優先——ベテラン社員であろうが関係ない

うちの本店では、仲居さんの給料は歩合制やという話をしました（前項参照）。昔は、料亭や旅館ではそれがあたりまえやったと思います。京都でもみんなそうやったんです。それがある時期、歩合制は時代に合わんということでどんどん給料制に切り替えられていったんやね。そやけどうちでは、人間ちゅうもんは働いたら働いたぶんだけ収入が増えるからきばろうという気持ちにもなるんや。時代もくそも関係ない。ということで、変えへんかった。最低保証額を決めたり、多少の手直しはしてますけど、今でも歩合制を踏襲してるんです。

そやけど、古い体制にはそれなりの問題点もあったんやね。たとえば経営者としては、若い仲居さんを1人新しく入れて7人体制にしたいと思うても、6人のほうが1人当たりの収入が多いからいうことで、1人をはじき出すようなことをするとか、若い子は最初は役に立たへんけども、いろいろ教えて慣れてきたら、年長者の誰かが辞めさせられるのやないかと思うて何も教えないとか、そういうこともあったんやと思います。

そやけどそれは、店の力が弱いから起こることなんやね。店の方針に従えないならベテランであろうがなんであろうが即刻辞めさせる、それぐらいの主導権を持ってのぞまなあかんと思いますよ。そうでないと会社としての方向性がとれへん。1人増やすと会社が決めたなら、それに異論がある人に辞めてもらう。新人には教育係を指名して、その子が仕事を覚えるまで教育係に責任を持たせる。いつクビになるかわからへん、という緊張感ていうのは、やっぱり従業員に必要なことなんや。そやから経営者としては、時には強権を発動することも必要。そこに情を差し挟むと舵《かじ》を取り違えてしまう。会社もさすがにクビにはでけへんやろう、とみんなが思うてるような場面で、この人間をこのままおいといたら会社のためにも、ほかの従業員のためにもようないと思うたら、スカーンと辞めてもらう。何ヵ月ぶんかの給料を払《はろ》うてでも辞めてもらう。それくらいの意志を持つことが大事やと思います。

101

従業員どうし和気あいあいやて？　何をねぼけたこと！

「従業員どうし和気あいあいとして、いい雰囲気の店」ていうようなコメントを時々見聞きしますけど、僕に言わしたらとんでもない。仲良しグループではろくな仕事はできません。和気あいあいとしたいなら、どうぞ家族でしてくださいという話やね。

うちの店では、アカンところはアカンとはっきりミーティングで名指しで言います。アカンところをアカンと言わへんかったら、何がアカンのかわからへんままになってしまうでしょ。

たとえば「○○さん、昨日お客さんが、あの仲居さんニコッともせえへん言うて帰らはったよ。なんぼ疲れてててもニッコリせなあかんでしょ」とか、「○○さん、昨日なんであんなにお膳出しが遅かったんや。もっと早《は》よ用意せなあかんよ」とか、また逆に「○○さん、あんた昨日ようがんばったな。お客さんがえらいほめてはったで」とか。これは個人攻撃でもなんでもないですよ。プラスのコメントも、マイナスのコメントも、いずれも明日は我が身。みんなに共通のテーマで、業務連絡として当然、毎日あるべきもの。次から次へとそんな話があって、それに対して「すみません。気ィつけます」とか「ありがとうございます」とかいうのがあって、「あんたこの前も言われてたがな。気ィつけなあかんでしょ」というようなこともあって、やっぱりプロの世界は厳しいなあということでしょ。個人への注意も、常にみんなの前で、みんなに対してしてしてたら個人攻撃にはならん。たまにしたり、隠れてしたりするから個人攻撃になるんや。

アカンとこを指摘されて、もしそれが気に入らんのやったら、もううちの店で働くなということやと思う。「あなた自身の考えはそうかもしれへんけど、あなたは接客のプロなんやから、菊乃井では菊乃井の考え方に合うサービスをしてもらわな困ります。そのかわり、それで会社の売上げが下がったとしてもあなたが責任をとることはない。責任をとるのは経営者なんやから」ということやね。

102

従業員の育て方——時には辞めてもらうことも本人のため

いっつも怒られてばっかり、注意されてばっかりていう子、どこの世界でもいてますよね。料理人の世界にもいてます。それは僕は、怒ってるほうが間違《まちご》うてると思う。何回言うてもでけへんことを、その子に求めること自体に無理があるんや。社員全員におんなじ方向を向かせて、おんなじレベルに持っていこうとしても、それは無理な話でしょ。

そやけど、そうやって怒られてばっかりおる子でも、別の面で評価できる場合もある。官僚やないんやから、マイナス面だけを蓄積していって、それがある一定量までできたらクビ、なんてそんなことはせえへん。あいつ、なんぼ言うてもこの仕事はでけへんけども、そのかわりこの仕事やったらようやりよる、とか、仕事はせえへんけどもムードメーカーとしては最適やとか、人間的になかなかええ味出しとる、ていうようなこと、けっこうあるんやね。そういうことを、プラス、マイナス、トータルで見て判断してやらんとあかんと思うてます。それでやっぱりあかん場合は、僕は辞めさせるんやのうて、辞めさしたげることが必要やと思うてます。けっきょくね、「もうちょっとがんばれ、もっとがんばれ」言うて、「がんばったらなんとかなる」言うて5年たち、7年たち、10年たって、がんばったけどやっぱりおまえあかんかったなていうほうが、よっぽどその子のためにならんわね。早いとこ、もう1年くらいの時点で、この仕事には向いてないと思うから、他の仕事をやってみる気持ちはないかと転職をすすめてやるのも、上に立つ者としての配慮やと思う。

うちは先々代の時代から、「人の使い捨てと、食材の使い捨てはしない」ということをモットーとしてやってるさかいに、そういう意味で人を辞めさしたりはせえへん。そやけど、「厚情すべからく人情ならず、薄情の道、忘るなかれ」ていうこと。つまり、厚情ばっかりが人情やない。時には薄情のほうが人情であることもある。このことも、大事なことやと思うてます。

103

利益構造をきちんと作っとかんと店は続かん——祇園の現状はきついと思うよ

日本料理屋なんて、単体ではほんまになかなか儲かる商売やないんです。それを質を落とさずに続けていくためには、きちんと利益構造を作っとかなあかん。利益構造を作るためには、金儲け装置がいる。僕はずっとそう思うてやってきました。今はおそうざいやギフトものの物販がその役割を担ってます。そやから店の料理に原価がかけられる。4割くらいかけられるわけです。そんだけかけてたら、同じ値段の他の店と比べたらお値打ち感が出るわね。4割、5割の原価率をかけんと勝ち抜いていかれへん時代が、もうすぐそこまで来てるからね。

今、京都の祇園あたりの小規模な店では、みんな8000円とか1万円とかで夜の会席を売ってるところが多うなってます。原価率なんか5割以上かかってんのと違うかな。1人か2人若い子を使いながら、主人が自分で朝から買出しに行って、昼も夜も営業して、朝から晩までへとへとになって働いて。やってもやっても利益の出えへん構造を自分で作ってしもうてるわね。あげくの果ては、「主人より若いやつらのほうが給料ええんですわ」てなことを自慢気《じまんげ》に言うとる。おまえはアホかて言うたりたいね。そんな店、誰も働きたないよ。

そら、お客さんにとってはええやろ。えらいお値打ちで、評判になって、満席で、予約がとれん。そういう時期がある程度は続くやろね。そやけど、そういう人気はいつか必ず落ちる。自分のほうに落ち度がのうても、上った階段は必ず降りんなん時が来る。それにだんだん店も老朽化してくる。その時に、利益構造がちゃんとできてなかったらアウトやね。修繕したり改装したりする設備投資もままならんと、先の展望のないマイナスのスパイラルに入っていってしまうわけや。あえて言わしてもらうなら自滅のパターンやね。店を持つ時には、そういうことまでようよう考えとかなあかんと思うよ。

104

1個180円の稲荷寿司の販売をやめない理由

二子玉川の髙島屋等の菊乃井の物販店で、1個180円の稲荷寿司《いなりずし》を1日限定100個販売してます。これがえらい人気で、いっつもすぐに売り切れてしまうんで、「幻の稲荷寿司」と言われてるんやけども、併設のキッチンでそれを作ってる現場からは、すごい手間がかかるわりに100個売ったたって1万8000円で、ほんまにわずかな売上げにしかならんので、もうやめたらどうでしょう、という声が上がってるんです。そやけど、僕はやめる気はないと言うてます。

稲荷寿司を作るのはそら大変です。中のいろいろな具は赤坂のCK（セントラル・キッチン）で炊いたものを入れてますけど、京都から直送したお揚げを開いて、じっくり炊いて、寿司飯を用意して、具を混ぜて、お揚げを広げて、グラム数を測った寿司飯を詰めて、にぎって……。

稲荷寿司1個180円、寿司チェーンなんかの稲荷寿司と比べたら確かに高いです。それでもうちの商品の中では安い。お昼にというて5個買《こ》うても900円や。「普通より高いけど、おいしいし、菊乃井のほかのお弁当と比べたら安い。早《は》よ行かななくなるいうし、今日はちょうどええ時に来たさかい買《こ》うて帰ろ。せっかくやし、おかずも1品買うて帰ろ」となるわね。もしくは、稲荷寿司はもう売り切れてしもうてなかったとしても、「ああ、惜しいことしたなあ。今度はもっと早《は》よ来《こ》よ。今日はせっかく来たし、なんなと買うて帰ろ」と言うて、ほかのもんを買うて帰ってくれはる。

京都から運んでる豆腐も考え方は一緒。20丁、30丁と入れてたら、1日1丁や2丁は残ることがある。そしたらもうその日の利益はパア。そんな値付けのもんなんやけど、それかて、豆腐だけ買うて帰る人はほとんどない。なんなとほかのもんを1品や2品、買うて帰ってくれはる。

要はそこなんやね。そうやってしょっちゅう店をのぞいてもらうことがいちばん大事なんや。稲荷寿司や豆腐みたいに、買いやすうて、しかも利益を無視したような目玉商品がお客さんを呼ぶんやね。商売というのはそういうもんで、儲かる商品ばっかり売ろうと思うてもそうはいかんものなんや。

105

安易な設備投資は命取り——ナタ・デ・ココ現象から学んだこと

「幻の稲荷寿司《いなりずし》」と呼ばれる人気商品があります。二子玉川の髙島屋等で売ってるもので、100個限定でいっつもすぐに売り切れてしまうんでそう呼ばれてます（前項参照）。「そんなに売れるんやったら1日500個でも1000個でも作って、もっと儲けたらええやないですか」と言わはる人もいます。そやけど、それをやったらあかん。売れるからいうて売れるだけ作ろうと思うたら、それを作るための特別なシステムと設備が必要になってくる。そして、そのシステムと設備を完成させたところで、その商売は終わる。それが僕の考え方なんです。

この稲荷寿司は、自分のところでお揚げさんを炊いて、ていねいに具を炊いて、1つ1つ手作りで作ってるさかいにおいしいんやね。それをシステマチックに機械生産したら、どこの百貨店やスーパーに行ってもあるような、全国展開の寿司チェーンのものと変わらんようになってしまう。そうなってきた時に、その1個180円の稲荷寿司を買《こ》うてくれはる人が世の中にどんだけいるかていうたら、そんなにぎょうさんはおらへんのやね。システムを作ったら、システムを維持するためにモノを売らなあかんようになる。けっきょく、モノを売るためのシステムなんか、システムを維持するための販売なんか、わけがわからんようになってくる。そやから僕は、あるモノが爆発的に売れたとしても、それがどういう理由で、どれだけの人に求められてるのか、これから先どれくらい確実な需要があるのか、そうしたことが完全に把握できるまでは、システムを作ったり、工場を作ったりしたらあかんと思うてるんです。

ええ例がナタ・デ・ココ。何年前やったか、ナタ・デ・ココがウワーッと売れて、現地では「日本人はナタ・デ・ココが大好きなんやー」ていうことになって、フィリピンやらの生産者がみーんな原料のココナッツ作りに切り替えて、それでナタ・デ・ココを作りはじめたんやね。そのとたん、日本ではすっかりブームが去って、輸入量が激減した。もう現地の生産者は軒並みバーッと倒れてしもうた。誰が責任とってくれんねんて、だーれもとってくれへんわね。最近日本でも、納豆ダイエットの捏造《ねつぞう》のせいで、生産地がおんなじような目に合《お》うてたけども、消費者はものすごい浮気やから。そのことを肝に銘じて、踊らされんようにせんとね。

106

経営者の「こだわり」ってなんやろ

レストランに限らず、オーナーシェフの店なんかでは、お菓子やパンに並々ならぬこだわりを持ってるところがありますよね。材料を吟味して、鮮度に神経を遣って、ものすごい細かいところにこだわって、自分の作ったもんは何がなんでも完璧な状態で食べてもらいたいから、発送もしないし百貨店にも出ない。そういう気持ちってモノを作る人間なら誰でも持ってるものやし、ようわかります。そやけど時々、それって誰のためのこだわりなんやろ、その人かて一人で商売やってはんのと違うやろに、どこまでがどうなんやろ、と思うことがあります。たまに「自分は金儲けのためにやってんのと違うんや」とまで言うてる人がいてはりますけど、これには言わしてもらいますわ。ほな、何のためにやってますのん？

僕は、はっきり言うて、金儲けのためにやってます。お金を儲けて、従業員にも人並み以上の給料を払いたい。取引先にも滞りなくきっちり支払いをして喜んでもろうて、お客さんにも喜んでもろうて、自分も喜びたい。「みんながうれしなって、みんなが喜ばなあかん」。それが先々代から教えてもろうた商売の仕方。そやから、僕はそれには徹底してこだわります。それが経営者としていちばん大事な「こだわり」やと思うてますから。

107

経営の根幹は値入と仕入

経営の根幹は値入《ねいれ》（売値を決めること）と仕入にある。先々代からの教えの一つです。そやから僕はその部分は絶対に譲らん。値入は絶対に自分でするし、もちろん仕入も自分で見る。ただ、「値入と仕入が根幹」ということの受け取り方にもいろいろあると思いますね。たとえば、利益を出すためには仕入をちょっとでも安うすることやと、毎朝自分で市場へ行って、そういうもんをさがして、交渉して買《こ》うてくるというのも一つの方法やね。それで、今日はうまいこと安う安うに材料が手に入ったさかい、そのぶん安う安う売ってお客さんに喜んでもらおう。ごくあたりまえの、まじめな商売の仕方やと思います。そやけど、値入ていうのは安うすれば安うするほどええもんやろうかていうたら、僕はそんなことはないと思うてます。

　モノには適正な価格というのがあって、それが買おうと思うてる人の感覚と一致した時にそのモノが売れる。そやから、百貨店で売ってるうちのおそうざいが、１００ｇ２５０円という設定やったら、「へえ、菊乃井さん、これ２５０円。えらい安いけど、なんか残ったもんでも売ってはんのと違うやろか」ていうふうに思われる。１００ｇ３５０円やったらどうか。「へえ、菊乃井さんのわりにはちょっと安いやん。これ買《こ》うて帰ろ」となる。１００ｇ４５０円やったら、「ちょっと高いなあ。高いけど、菊乃井さんのやったらおいしいんやろかなあ。いっぺん買うてみよかなあ」。値入をいくらにするかによって、商品の見え方ていうのが違《ちご》うてくる。あなたならどういうふうに値入しますか、ていう話やね。

第
8
章

110.子供の人格ってなんやろ?——店側も言うべきことは言うべし!

ひとこと言いたい!
いまどきの料理屋裏事情

108

ネットの書き込みにモノ申す——その人の人生に対して、責任とれるんですか？

ネットの書き込みであんまりひどいこと書かれて、自殺しとうなったて言うてる料理人かていてますよ。実際にそんなだけひどいことを書かれなあかんほどその店がひどかったんか、たいていの場合はそんなことはないと思うね。実例で思い起こしてみてもそうや。少なくともその店のシェフはフランスから帰国して30年間、その道一筋で一所懸命やってはる。たまたまその日、何かサービスに落ち度があったとか、料理の味が口に合わへんかったとか、対応が気に入らへんかったとか、そらいろいろあるでしょう。そやけどサービスかて、フレンドリーで気持ちよかったというのと、ラフで気分が悪かったていうのは感じ方の違いもありますよね。言葉遣いはていねいだが慇懃《いんぎん》無礼《ぶれい》だったというのと、よく教育された行き届いたサービスやったというのも、紙一重というところもあるやないですか。

それに、何か言いたいことがあったらその場で言うとか、あとで電話なりで言うとか、いろいろ直接抗議する方法もあるでしょう。それを、こんな店二度と来るかということで、いやそれはええねん、二度と行かへんかったらええんやけど、それを自分の周囲の人だけと違《ちご》うて不特定多数の人に言いふらして、そこの店に誰も行かんようにしたろていう悪意に満ちたやり方でしょ。

だいたい匿名ってフェアやない。フェアやないからネットの書き込みは嫌いや。そういうやつに限って「子供のいじめはあかん」とか語ってたりする。あんたね、自分のやってること、一緒ですよ。立派ないじめですよ。メチャメチャ陰湿ないじめですよ。その人の人生にそんだけのダメージ与えることやっといて、しかも匿名で、最悪や。みんないっぺん、よーお胸に手を当てて考えてみなあかんね。

109

クレイマー・クレイマーより大阪のおばちゃんのほうがよっぽどええ

大阪のおばちゃん、大阪のおばちゃんて、みんなバカにするけども、大阪のおばちゃんて言葉遣いや行動はそら多少下品（イヤイヤ、力強い？）かもしれへんけど、精神は下品やないで。腹の中はきれいやし、愛情があると思うわ。

まあね、「あんたこれもうちょっと負けてーなー」とか、「この味も一つやなあ」とか、ハッデな格好して、オッキな声で何でもズケズケ言うし。開店の花輪の前で、「あんたな、開店の花はな、こうやって取ったげるとお客さんがぎょうさん入るねんで」言うて、グワーッと花取って、ガーッと抱えて。えらい心配してくれてありがたいけど、あんた、開店前から花取ってしもうたらあかんがな。

電車の席があいてたら、「あんた、ここあいてんで、ここここ、はよおいで」とか大声で言うて、座ったらすぐ「アメちゃん食べるか？」やろ。ほんま勘弁してーなー、と思うけども、なんでもかんでも陰でクレームばっかりつけてるクレイマーや、文化人を気取ってネットに悪質な書き込みしてるやつらより、よっぽど「品格」あると思うよ、人間として。

110

子供の人格ってなんやろ——店側も言うべきことは言うべし！

最近、子供の人格を尊重するとかいう言葉、よう聞くようになりましたなあ。でもね、4歳や5歳以下くらいの子供にね、そんな尊重せんなんような考え方なんてあるんやろか。そら基本的な人権とかいうのは別ですよ。そうやのうて、すぐに子供がかわいそうやとかいう発想になるのがおかしい。いちばん大事なもんは何やていうことは、きちんと親が教えるべきことでしょう。それを誰からも教えてもらわへんまま大人になっていくほうがどんだけかわいそうか。

うちの店は、法事で利用してくれはるお客さんがけっこう多いんです。そやから、子供さんを連れてきはるのは全然かまへんのです。かわいがってもろうたおじいちゃんやおばあちゃんの法事やったら、あたりまえやわね。そやけど、親に対してひとこと言いたい。

この前なんか、小《ち》っちゃい子がお膳の上へ乗って、そこから飛び降りて遊んどるんですよ。机とちゃいますよ、足付きのお膳ですよ。その時はたまたまお膳は無事やったけど、そこで親がどう言うたかというたら、「そんなんしたらあかんよ、お店のお姉さん怒らはるよ」。人が怒ることにすんねんな。それって違うでしょう。親がお尻叩いてでもやめさせるべきことでしょう。

それだけやないんです。次は何が始まるんかと思うたら、みんなのお膳に置いてある銀の箸置きを集めてきて、庭へ放《ほ》りよったんです。純銀製の箸置きですよ。店のもんがすぐに探したんですけど、3個放ったうち2個は見つかったけども、1個はどうしても見つからへんかった。そやからお会計の時、「お子さんが庭に放られた箸置きが1つ見つかりませんので、箸置き代として6000円つけさしてもらいました」言うて、ちゃんと請求さしてもらいましたよ。そやないと子供のためにもならんと思う。うっかり器を落として割ってしもうたとか、そんなんとはわけが違うでしょ。ほんまに、子供をしつけるべき親のほうを教育せなあかんと思いますわ。

111

メディアに振り回されたらあかん

今の時代、ちょっとやそっとの情報では視聴者や読者が満足せえへんねんね。そやからメディアは、京都の取材でも、毛穴の奥の奥までほじくり出して、なんなと変わったことか、おいしいとこを見つけ出そうとする。昨日までそのへんで手作りのお餅やおはぎを売ってはったんが、急に絶品になって、急に名店になって、行列できとるわね。もうびっくりするわ。そこからは早い。あっという間に大《お》っきな会社組織になって、ビルまで建てて…。

メディアというのは恐ろしいもんやね。どこか一つの媒体に出たら、そのあとはもう雲霞《うんか》のごとく押し寄せて来るからね。それで、持ち上げるだけ持ち上げといて、あとでパッとハシゴはずすのん、得意中の得意やからね。そやから料理屋も、メディア対策は絶対必要。

好むと好まざるとに関わらず、ブームになったら終わりやと僕は思う。３ヵ月先まで予約で埋まってますという状態になったら危ないね。今日の今日で予約は無理やけど、「２人くらいやったら時間をちょっとずらしたら何とかできる」て言うてくれたとか、「今日はめずらしく当日で２人入れたわ」くらいのコントロールができてるのが、店としてはいちばんええのとと違うかな。

小さなお店
ある日突然TVに紹介された
小さなお店
たちまち小さなお店に大行列ができた
お店
小さくないお店
大改築をして店を広げたが、一時的な客の列はあっという間に引いてしまった
売地
しばらくして……
地道にやってればよかった

112

テレビの編集てこわい――カップ麺事件には、まいったね

メディアの中でもとくにこわいのんはテレビ。影響力がちがうからね。それに編集も、言うてみたら自由自在にできるわけや。僕もえらい目に合《お》うたことがあります。

僕があるエアラインのためにカップ入りのにゅうめんを開発したことがあって、その開発の相手先の会社にドキュメント番組が入って、最終の試食の時に、僕のコメントがどうしてもほしいと言うんやね。まだ開発段階やという前提で、まあ食べて感想言うだけでええんやったらということで協力したんやけど、「お味のほうはどうですか」ときかれる。「まあまあですなあ」と答える。「菊乃井の味としてはどうですか」、「菊乃井の味とはほど遠いですけども」、「即席麺としては、世に出せるような味になりましたか」「それやったらまあまあ、出せるようになりましたかな」。

あとで考えてみると、何とかしてそういうコメントをとろうとしてはったんやと思うなあ。そしたら最終的にはそこだけが取り上げられてて、あるエアラインのために開発してるもんやていうことが抜け落ちてしもうて、これは一般市場に出すもんでもないのに、僕がカップ麺を食べて、「菊乃井として出せるようなもんになりました」と言うてることになってるんやね。

あれでは菊乃井がカップ麺を売り出すと誤解されてもしゃあないわ。オンエアのあと、「何考

えてんねん」言うていろんな人からお叱りを受けるわ、「カップ麺はいつ出るんですか」言うて店に問合せはくるわ、えらい目に合いました。

ちょっと前にテレビの人気番組の捏造《ねつぞう》が発覚してえらい問題になってましたけど、視聴者のほうも、流される情報をそのまま鵜呑みにしたらあかんということやね。とは言うても、善良な市民は、つい信じてしまうんやけどね。

113 これ以上、なくしたくない店をなくしたくない

メディアに取り上げられて方向を見失《みうしの》うてしまう店もあれば、あそこの店ほんまにおいしかったのに、メディアにも取り上げられんと、営業がうまいこといかんで、後継者もおらんでつぶれてしもうた、ていうようなこともようあるわね。おっちゃんが長いこと長いこと技術磨いて一所懸命やってきたような洋食屋さんとか。京都にもぎょうさんあったんや。そういうのんは悲しいなあ。そういうところをこそ、メディアの人間にちゃんと見てほしいと思う。そやけど、それがまたガーッと集中してしもうたら、別の意味でその店はつぶされてしまう。いったいどうしたらええんやろ。ほんまになくしたくない店をこれ以上なくさんでええように、メディアにも考えてほしいし、客としても考えられる世の中になったらええんやけどね。

114 夜逃げはするなよ——何も悪いことしてへんねんから

日本料理の世界では、昔は修業が厳しいて夜逃げするということが間々あったみたいですけど、今は時代が違いますからそんなことはありません。て、そうと違いますねん。今でもあるんです、

これが。何が昔と違うか言うたら、親の対応やね。びっくりします。

僕は1年生が入ってきた時にはいつも言うんです。「夜逃げだけはするなよ。皆心配するやろ、親御さんも心配するやろ。夜逃げせんなんほどなんにも悪いことしてへんねんから、夜はやめとけ。もし耐えられへんようになったら、昼間にちゃんと『やめさせてください』言うて、働いたぶんの給料もろうて、ちゃんと玄関から出て行ったらええねんから。正々堂々と生きなあかん」

と。それでも夜逃げする子がおるんやね。

　誰か寮からおらんようになったいうたら、こちらもまず事故とか、いろいろ心配しますわなあ。それで親御さんにも連絡する。で、けっきょく実家に帰り着いて、親御さんから電話がかかってくる。息子から何を聞いたか知らんけども、開口一番、「うちの息子をこんな目に合わせて、訴えるぞ」と言わんばかりの勢いなんやね。それは違うでしょ、お父さん。まずは「黙って出てきまして、皆さんにご心配おかけしましたけど無事帰って来ました。ご迷惑をおかけしました」言うのが筋でしょう。それからの話でしょう。何が事実で、何が事実でないのか。こちらからは、「うちは労働基準監督局からもきちんと指導を受けてますけども、もう一度落ち着かれてから息子さんからちゃんと話を聞いてください」言うて話をするんです。でもこれって、ちょっとおかしいのと違いますか。

　さらにびっくりするのは、親が夜逃げの手伝いをしてるんですよ。なんや寮でコソコソやってるから、友達かなんかが来てるんかと思うて、「ちょっと待ちなさい」て言うて行ってみたら、車を出してたのはなんと親やった。「明日あらためて挨拶しようと思うてました」とか言うて、そんなわけないやろ。そうかと思うたら、夜逃げしといて、「荷物を送ってください」と言うてくる親とかね。信じられへんわ。

115

料理屋は教育機関じゃありませんよ、お母さん

春になるとうちの店にも新入生が大勢入ってきます。ある時こんなことがありました。うちに入った子のお母さんから電話があって、休みか何かで本人が実家に帰ったあとやったんか、「もっとうちの子をちゃんと教育してください」と言わはる。それが「できが悪いですからようよう言いきかせてやってください」というような言い方やったらまだわかるよ。そうやのうて、「うちの息子がシャンとせえへんのはお宅の責任や」みたいな言い方なんやね。「は？　うちは別に教育機関じゃないんですよ。給料を払《はろ》うて、お宅のお子さんを雇うてるわけですから、何も教育をする義務はないんです」。

そうかと思うたら、こんなこともありました。お母さんに連れられてきた子がおって、初日に5時間ぐらい働いて、「あとは寮に帰って荷物の整理でもしたらええ」言うて上がらせたら、お母さんの泊まってはるホテルへ行ってしもうた。あとでお母さんから電話があって、「そちらではよう働かしません」ということなんや。理由をきいてみたら、誰もトイレの場所も教えてくれへんし、水も飲ませてもらえんかったというんやね。

あんたねえ、「トイレはどこですか」ときけば誰でも教えるやろし、うちは料理屋なんやから、

そのへんの蛇口をひねればなんぼでも水は出るんですよ。

ほんまに、社会に出て働くということがどういうことなんかを、親子してまったくわかってないんやろね。うちの店がとか、日本料理店がどうのこうのやのうて、日本全体の問題なんかもしれんね。

第
9
章

125.これからもっともっと、世界中で日本料理が注目される

料理人を志すなら

116

ある程度食べ込まんと本当の味はわからへん——トリュフってほんまにおいしい？

人間てね、ある食べ物に対して、ある程度訓練を積まんとね、その本来のおいしさはわからへんのと違うやろか。脳科学の研究でも、ニューロンとかいう神経細胞が回路としてつながって、記憶として残るには、ある一定量の刺激が必要ということらしい。味覚に関して言えば、おんなじもんをある一定量食べへんかったらそのニューロンがひっつかへん、つまりそのものの味をちゃんと認識でけへんらしいよ。15回くらい食べんとあかんという話を何かできいたことがあるけど、ええ例がトリュフやね。僕が初めてトリュフを食べたんは学生の頃で、缶詰のフォワグラの中に射込んであった。この黒いゴムみたいなやつ何やろ、て思うたね。原材料を見たらトリュフて書いてあるけど、なんも香らへん。もちろん全然おいしいとも思わへん。

ある時、フランスの超有名三ツ星シェフ、アラン・シャペルとジョエル・ロブションのトリュフ料理の競演という催しがあって、当時1人6万円か7万円くらいしたかな。それを食べに行った時に、トリュフがゴローンと出てきて、トリュフづくしで……。もちろん使われてたのが最上級のトリュフやったということもあったんやろうけど、その時に初めて、ああ、トリュフてこんな香りなんや、こんな味なんやということがわかった。それ以来、友達がフランスへ行くと言うたらトリュフを買《こ》うてきてもろうて、知り合いのフランス料理のシェフに料理してもろうて、もうグアーッて食べたんや。そしたらすごいトリュフが好きになって、うまいなあ、ええ香りやなあと思うようになったし、ほんのちょっとのトリュフでもちゃんとわかるようになった。それがつまり、ニューロンがひっついたということなんかなあと自分では思うてるんですけどね。

117

そば好きのこともやっと理解できるようになった

今でこそ京都にも、石臼挽き自家製粉のそば屋とか、手打ちそばを専門に売る店ができてきたけど、もともと関西では、そばそのものにこだわったような店はなかったんやね。僕らもほとんど食べへんかった。そばは、茶色をしたうどんの細いもん、ぐらいにしか思うてなかったからね。江戸の人が新そばやの、どこそこのそば粉やのいうて騒いでんのが、全然わからへんかった。香るようなそばを食べた記憶もないしね。

で、ある時、いっぺん江戸中のそばを食べ歩いたろうと思うて、2泊3日くらいで何回か東京へ出て行って、そばを食べたまくった時期があったんや。それでもその時は、どうっちゅうことない。で、その次の新そばのシーズンぐらいからか、急にそばが香るようになって、ああ、そばってこういうもんやったんかということがはじめて理解できたような気がした。

フランスのチーズなんかでも、最初からおいしいと思うて食べる日本人は少ないわけでしょ。ワインにしても、花の香りやていわれてもようわからん。やっぱり経験がものをいうんやね。ただ、人間ていうのは、消化がしやすく、カロリー源になるようなもんは、生命体として本能的にうまいと思うようにできてるらしい。脳を維持するための糖分とかね。つまり甘いもんは甘いだけでうまい、高カロリーのもんはうまいと思うようにできてるわけや。そういうもんは比較的、初めて食べたもんでもうまいと思うんやね。ところがそうではない食べ物のレベルになってくるとちょっと違う。個人差はあるやろうけど、ある程度食べ込んではじめて、その味のなんたるかがわかるということが多いんやろね。

118

ご飯茶碗と嫁さん候補——あなたはどんなお茶碗を使ってますか？

僕がまだ紅顔の美少年やった頃（いつ？）、祖母から言われたことがあるんです。「あんたなあ、女の人とお付き合いする時にな、まずはどんなお茶碗使《つこ》うてはりますかて聞いてみ。家族がみんなで同じお茶碗を洗《あろ》うては使うてますから、自分のお茶碗はありませんて応えるような娘さんとは、お付き合いはやめときなはいや。私のお茶碗はこういう柄で、こういう形のを使うてますというような娘さんやったら、まあまあ三角やな。そうやのうて、私のお茶碗は、夏はこういう柄でこういう形で、冬はこういう材質でこういう形のです、というような娘さんやったら、ぜひともお付き合いしなさい」やて。

もちろん、そんなことイチイチきけますかいな。何をアホなことを言うてんねんと思うてましたけど、ようよう考えてみたら、これは案外大事なことなんですわ。とくに料理屋にとってはね。日常の何気ないところで、季節感とか折々の行事なんかを大事にしてるうちで育った子やないと、料理屋の女将さんにはなかなかなれへん。それが自然に、小さい時から習慣としてある子は、そういうちょっとした気遣いが苦にならへんのや、ということを言いたかったんやと思いますな。そう言いながら祖母は、自分の気に入った茶碗を年がら年中使うてたんですけどね（笑）。

119 器の勉強はとにかく見て歩くことやね

日本料理の料理人やったら、やっぱり器の勉強は若いうちからしっかりしとかんとあきません。僕は、若い連中には、休みのたんびに美術館や博物館を見に行きなさい、と言うてます。いくら本で勉強しても、実際にええもんをいっぱい見んとほんまにはわからへん。

当然、最初はなーんも全然わからへん。「これ、魯山人《ろさんじん》、へーえ、魯山人、で、一つなんぼぐらいしますのん？」てなアホみたいな質問してますわ。それで、「500万円か600万円はするやろ」と言われて、「ヒエーッ」とか言うて、何がそんなに高いんやろうて目ん玉むいとる。「そやけど、この普通の信楽《しがらき》と魯山人の信楽と比べてみい、やっぱり違うやろ」て言うても、「サアー？」てなもんですわ。

それが、ある程度してくると、なんかわからんけど、なんとのう違うなあというのがわかってくる。違うということがわかってはじめて、やっぱり魯山人ってすごいんやなあ、という話になってくるわけです。

そのあと、実際に料理を盛った時のバランスとか、全体のフォルムとか、絵付けのバランスとかいうもんが、やっぱり魯山人は違うなあと思う、ますますすごいなあと思う。そうなってきたら、その子はだんだんわかるようになってきてるということやね。どこがどう違うのかという講釈は専門家の人らにまかせといたらよろし。

120

器がわかるということ

たとえば料理人1年生が、自分は金襴手《きんらんで》が好きや。キラキラしてて、華やかで、そういう器がきれいでええなあ。料理も高そうに見えるしなあ、これに何か盛ってみたいなあ。そう思うたら、それが気に入ってるんやね、その時は。で、それから徐々にモノがわかってくると、だんだん色がない白磁のほうがええなとか、フォルムがきれいなほうがええなとか、石もののもええけど、土もののザングリしてるほうがええなとか、普通はそんなふうに好みが変わっていく。それからまた石ものにもどって、また金襴手にもどっていったりしても、それは前に金襴手を見てええなあ、ピカピカ光って豪華そうや、と思うた時とは少し違《ちご》うて、視点が変わってるはずです。そうやって1周、2周としてるうちに、自分が本当に何が好きか、わかってくるんもんです。

121

器のレベルがわかるということ

玉石混交《ぎょくせきこんこう》ていう言葉がありますでしょ。それを言うにも、これは玉、これは石、ということがわかってへんと話になりません。これは玉で、これは石というのがわかってて、あえて自分は石のほうが好きやとか、この場には石のほうがふさわしいということはあると思いますけど、そのレベルをはかることができる力は、ものを見る上で大前提として必要やね。

絶対的な評価というのは存在せえへんと思いますから、けっきょくは、その分野の専門家が高く評価するかどうか、文化指数の高い人たちの何割以上かが必ず高く評価するかどうか、といったことが基準になるのかもしれませんけど、そうしてもののレベルがわかってはじめて、適材適所を判断できるというもんです。その絵が自分の店に飾るのにふさわしいものかどうか、その器が自分の店で使うのにふさわしいものかどうか。そうしたレベルをはかる力を養うには、やっぱりええといわれるもんをたくさん見るしかないんですね。

とはいうても、器は、最終的には好みの問題ですから、僕の器遣いがきらいやという人も、当然ぎょうさんいてはるわけです。逆に、僕の器遣いが好きやと言うてくれはる人もいる。そのへんはもう割り切って、僕は僕がええと思う器遣いをするしかない。そやから、1枚1000円ぐらいの器でも自分でええと思えば平気で使うし、1枚10万円くらいの器でもおんなじように使います。そら、店の子が割った時の対応はもちろん違いますけどね（笑）。

122

日本の伝統食を見直そう——おそうざい売り場から見えてくること

うちが百貨店に出店してる物販店で、いちばんよう売れてるおそうざいは何やと思いますか？　季節に関係なく売れ筋の上位を占めてるのは、おから、白和え、ぬたです。メインディッシュにはならん地味な料理のわりに、下処理に手間がかかるもんやね。それに続いて、たとえば新じゃがとえんどう豆の焚いたん、新ごぼうと鶏肉の焚いたん、たけのこの焚いたん、といった季節商品がよう売れます。作るのはめんどうやけど食べたいと思うおかず、季節の感じられるおかず、そういうものが求められてるんですね。その、なんとはなしに食べたいと思うおかずというのが、いわば日本の民族食、伝統食やないかなと僕は思うてるんです。

今、日本の民族食って何ですか？　てきかれてすぐに応えられる日本人がどれだけいてるやろ。とくに若い世代にいるやろか。子供たちが日本の民族食はフライドポテトやて言うようになったらどうしますか。これだけグローバル化が叫ばれる時代だけに、もう一回自国の文化を見つめて、きちんと伝えていく作業が必要やと思うね。

123

口の大きさと料理の寸法

人間の口の大きさて、どのくらいか知ってはりますか？　人によって違う？　そらそうや。自分のゲンコツが口に入るような人もおれば、ひょっとこみたいにおちょぼ口の人もある。そやけど、ものを食べる時に、大口開けるんやのうて、普通に口を開けた時の大きさというのんは、だいたい縦横３㎝くらいといわれてます。つまり１寸やね。そやから、ひと切れの幅や長さが３㎝くらい、箸のぶんのスペースも考慮すると、だいたい３×２×１㎝くらいのもんが、箸でつまんで無理なく口に入る大きさなんです。しかもそれくらいの大きさが、一般にいちばんものの味がよく感じられる大きさなんやそうです。むずかしい言葉で言うと、一般人の「口中体積《こうちゅうたいせき》」がだいたいそれくらいやということやね。

たとえば和えものの具でも、だいたい1寸の長さに揃えて切れば、無理に口に押し込むことなく、のどにつかえることもなく、おいしく食べやすい和えものになるんやね。刺身のひと切れの大きさも、だいたい1寸という寸法を頭に入れて切りつけるとよく、醤油を入れる「のぞき」は、３×２×１㎝の造り身が無理なく入る大きさになってるはずです。タクワンもそうです。茶懐石の香のものとして必ず添えられるタクワンも、ちょうど３×２×１㎝くらいの大きさなんです。

すべてはこの大きさが基準になってるんですね。

そこに、ナイフ・フォーク文化の西洋とは違う、箸文化の日本料理の特徴があると思うんです。お弁当に入れる松風やかまぼこ、野菜の切り方ひとつを見ても、1寸という寸法が意識されてる。どうすれば一番食べやすいか、美しいかを考えた昔の人の合理性が息づいてるんやなあとつくづく感心しますわ。

ゲンコツが口に入るような人も
おちょぼ口の人も
食べる時の口の大きさ(口中体積)はだいたい同じ
箸でつまんで無理なく口に入る大きさの一寸に揃えて切られているのが
箸文化の日本料理の特徴なんです
おそれいりました

124

伝統的な風習を伝えるのも料理屋の大事な仕事やと思う

今日は節分やね。旧暦では明日からが新年や。そやから何もかもが変わる。運勢も変わる。そやから鬼は追い払《はろ》うとかんと。うちの店では、「鬼は～外、福は～内、ごもっともごもっとも」て言いながら豆をまいて、その後みんな、年の数の豆と5円玉を半紙に包んで、その紙包みでからだ全体をなでてね、厄を払うんです。そしてその紙包みを縛って吉田神社に奉納します。

それから今でも毎月1日には、ひと月の無事を感謝して、またこれからひと月、無事に商売できますようにいうて、仏さまにお参りして、神さまには赤飯を炊いてお供えします。あと8のつく日にはあらめを炊いて、10日には夷《えべす》さんのおつゆをして、25日には天神さんのおつゆをして、月末にはおからを炊いて…。そういう昔からの風習をうちではまだ続けてる。

そうした伝統行事や風習、とくに食べ物に関係あるようなことは、料理屋が受け継いでせえへんかったら誰がすんのん？ まあ、全部が全部、昔通りにはいかへんとしても、何らかの形で残していかなあかんと思うね。

ちなみに夷さんのおつゆというのは、丸いハンペンと笹打ちしたネギのおつゆで、ハンペンを小判に、ネギを笹に見立てたもの。天神さんのおつゆというのは、残りものの野菜を全部短冊に切って、葛でとろみをつけたおつゆ。書や和歌で有名な菅原道真《すがわらみちざね》にちなんで、短冊をいっぱいということやろね。おからは別名キラズ。月末に炊いて、「縁を切らず」ということにかけてるんやね。あらめとかひじきとかの海藻は、その真っ黒なもどし汁を玄関の裏側にまくと、お客さんがようけ来てくれはると言われてます。これはわざと汚して、ようよう掃除をするということを意味してるんやと思います。

125

これからもっともっと、世界中で日本料理が注目される

世界の日本料理に対する注目度ていうのは、今、過去最高に高まってると思うね。そしてこれから、もっともっと高まっていくやろね。クリームもバターもオイルも使わずにおおかたの料理を作ることができる国は、世界中で日本だけでしょ。それに加えて少量多品目で、食物繊維が多い。850キロカロリー程度の会席のコース料理で、味的にも量的にも満足できて、視覚的にも十分に楽しめる。そういう意味で、世界中で日本料理が注目されるていうのは、あたりまえのことなんやろと思う。実際、フランスやスペインやアメリカや世界各国の料理人たちが、日本料理のことを学びたがってるし、日本に来たいと思うてる。

飽食の限りを尽くして、肥満やら動脈硬化やらの生活習慣病を心配してる現代人にとって「見

習うべきは日本料理」、これが常識になってきてるんやね。それに欧米諸国からしてみたら、調理法から素材に対する考え方まで、すべからく自分らと異なる日本料理というのは、非常にミステリアスでもあるんやね。それだけに強い興味の対象になってる。

今、日本料理を勉強してる若者たちは、世界中で働けるチャンスがあると思うよ。世界中にマーケットがあって、世界中でシェフになれる可能性がある。そやから、日本料理の技術と知識をしっかりと身につけて、日本人として恥ずかしいないように、日本文化のこともそれなりに勉強して、胸張って世界に羽ばたいて行ってほしいと思うね。

第

10

章

132.盛り塩の話――商売繁盛でめでたし、めでたし

どうでもええ話やけど…

126

西陣織の帯は切りきざまんといてほしいなあ

最近国内外を問わずよう見かけるのは、西陣織《にしじんおり》の金襴《きんらん》の帯を、テーブルセンターなんかのインテリアとして使《つこ》うてはる人です。長さが合わんからと切りきざんだりして。僕はそんなんを見ると痛いです。金襴できれいな刺繍のしてある帯の上に、灰皿置いたり、コーヒーカップ置いたりしてはるんですけど、わー、えらことしたなー、帯がかわいそうやなー、と思うてしまうんです。

今の若い人やらは全然平気、アジア的でカッコイイ！　とか思うんでしょけど、それより何より、それが帯やということがわからへんかもしれませんけど、なんやろ、僕なんかは、帯として生まれたもんを別のことに使うんやったら、ちゃんと仕立て直して、手を入れてから使うてほしいと思うんやね。そうでないと、それがどうしても帯として主張してくる。頭が古いて言われるかもしれませんけどね。まあどっかのおっちゃんのタワゴトと聞き流してください。

ただ、まったく自分の知らん世界のもんを、感覚的に、あ、これええなあと思うて取り入れようとする時には、最低限、心得とかなあかんことというのはあると思いますよ。やっぱりこれはオヤジの発想かなあ。

127

朝型人間と朝穫りの野菜

朝穫《あさど》りの野菜とか朝掘りのタケノコて、それだけで高《たこ》うに評価されますよね。鮮度がいいということだけやったら、別に昼穫ろうが夜掘ろうが、収穫したてやったらええわけでしょ。でも、

やっぱり朝がええ。それはなんでかいうたら、人間にたとえて考えてみたらようわかる。朝のお肌と、夜のお肌とどうかということやね。昼間会社へ行って、1日働いて、夜疲れて帰ってきて、もう肌もボロボロやわね。それでお風呂に入って寝て、よう寝れたら、翌日の朝は元気になってる。お肌もリフレッシュして、みずみずしさがもどってきてる。

22時から2時までが肌細胞がもっともよう再生する時間帯やとかいうて、美容のためにはその時間帯に寝ることが大事やといわれてるみたいやけど、植物も一緒なんと違うかなあ。昼間は光合成して養分を蓄えなあかんから忙しいんやね。夜になると、光合成はせえへんけども、蓄えた養分や、次の日の活動に寄与するためのなんらかのもんが末端まで届けられて、それで朝を迎えるんやね。そやから夜よりも朝のほうがうまいし、みずみずしいということなんやろ。

僕も、考えごとをするのは朝のほうがええと思うてます。頭の回転がスムースなんやね。夜考えててもわからんで、どうしようて思うことでも、朝になってもっぺん資料やら見て考えたら、あ、こうしてこうして、これはもうしょうがないからあきらめてっていうのが、スッ、スッとわかるもんね。作家の人やらの中には夜中に原稿書くて言わはる人も多いけども、僕は夜中は作業に追われてしもうて、なんか知恵が浮かばへんような気がする。何とかしよう、何とかせなあかんという気持ちで、本来やりたかったことが何やったかていうことを忘れてしまうんやね。人間、疲れるていうことはそういうことと違うやろか。

128

兄貴と弟——厨房の符牒です

厨房で「兄貴のほう持ってこい」て言うたら、キョトンとしてる新人の子がおったけども、何のことかわかりますか？　これは厨房での符牒《ふちょう》で、古いほう、先に仕込んだほう、というような意味。新しいほうは「弟」です。符牒というのは、言わば「あいことば」みたいなもんやね。

厨房にはそれぞれ、いろいろな符牒があって、お客さんの前では言いづらいことを内部で伝える時に使うんですね。お寿司屋さんなんかにはそういうのがぎょうさんあると聞いてます。

「逃《に》がす」というのもわれわれの厨房では言いますね。これは「ほかす」こと。あ、「ほかす」言うても関東ではわからへんのやった。つまり「捨てる」ことやね。腐ることは、符牒ではないけども、関西弁で「いく」と言う。

たとえば「この兄貴のほうは、もういってもうてるんちゃうか。確かめて逃がしとけよ」とこうなるわけやけども、何や物騒な感じでしょ。さすがに姉と妹という言い方はないなあ。ちょっとリアルすぎるからかなあ（笑）。

129

地球温暖化とエスニック・ブーム

激辛ブームというのが起こってもう久しいけど、こういう食味のブームは、気候条件と関係があるのと違うやろかと思うね。昔の日本人は、そんな辛い辛いもんなんか食べへんかったわけでしょう。それが今では、とんでもないような辛いもんを食べてる。タイやらベトナムやら、赤道に近い国の料理がはやってるんやね。韓国はちょっと違うけども。一方でクリームやバターを使う北のほうの料理は少のうなってきてる。

フランスでも、だんだんオリーブ油を使う料理が増えて、ソースは軽く、クリームやバターはあんまり使わへん南仏系の料理が増えてきてる。イタリア料理は相変わらず世界的に流行《はや》ってる。この間なんかフランスのレストランで、タイ料理のスープ、トムヤムクンを再構築したフランス料理ていうのを何回も食べた。ベトナムの春巻きを再構築した料理ていうのもあった。それやったら本場のトムヤムクンや春巻きを食べたほうがええわと僕は思うたけども、タイ料理やベトナム料理（まあ、日本料理もやけど）が流行ってる。それもこれも、地球温暖化が影響してんのと違うかなと思うてしまうね。

130

ゴキブリの話

われわれが今使《つこ》うてる木製のお椀は、もともとは木をくり抜いただけのものやったそうです。

はじめは手ですくって水を飲んでいたものが、木をくり抜いた道具を使って水を飲むようになり、

お椀のことを昔は「御器《ごき》」といっていた
御器をかぶる虫だから「御器《ごき》噛《かぶ》り」と呼ばれていたのがいつの間にか「ゴキブリ」となった
つまりゴキブリのゴは
「御」なんだ
御という字は♪
敬称する語だから
わしはえらいんだ
おだまり

それに料理を入れて食べるようにもなったとか。さらに底が丸いと置いた時に不安定やから、もう一つ輪っかを作ってその上に椀を置くようになった。その輪っかというのが高台の部分やね。そやけど、木はそのままおいておくとカビが生えたりしてしまうので、それを樹脂で塗り固めることを覚えた。そんな変遷を経て、今のお椀があるそうです。

そういうお椀のような器のことを昔は御器《ごき》というていたようです。それでそこに残った残飯や御器そのものまで食べてしまう（かぶる）虫のことを「御器噛《ごきかぶ》り」と呼んでいたところ、ある時誤ってその文字にゴキブリというフリガナがつけられ、それ以来、ゴキブリが定着してしまった。これがゴキブリの由来やそうです。ゴキブリが器の歴史と深く関わっていたとは、なんやちょっと複雑やね。

131

お茶はご当地の水でいれるのがいちばんやね

抹茶を点《た》てるんやったら、軟水がええと思うね。硬水やったら、緑の色も違《ちご》うてくるやろね。京都の水は、日本の中でもものすごい軟らかい部類の水なんやね。そやから、お茶には適してると僕は思うてたけども、静岡のお茶を京都で飲んでも、これがあんまり旨《うも》うないんやね。「なんやこれ、たよりないお茶やなあ、色ばっかりで」みたいな感じなんや。

逆にまた、京都の宇治のお茶を東京で飲んでもおいしいことない。宇治茶を東京へ持ってきて、普通の水道水で飲んだら、渋うて、苦《にご》うて。僕は京都人やから京都のお茶が好きやけども、東京で飲むんやったら静岡のお茶のほうがええみたいや。なんかマイルドで、とろっとした感じがしてね。

けっきょく、その土地のお茶は、その土地の水で飲むのがいちばんおいしいんやろうと思う。おんなじように米も、その土地の水で洗《あろ》うて炊くのがいちばんおいしいんやと思うね。つまるところ、農産物はみんなそうなんと違うやろか。

132

盛り塩の話——商売繁盛でめでたし、めでたし

料理屋の玄関の両側に、よう盛り塩がしてありますでしょ。「あれはどういう意味ですか?」って時々きかれるんですけど、一般的に言われてるのは、中国の故事からきてるという説ですね。

昔、中国の皇帝の妃の一人が、何とか皇帝の寵愛を受けようと、皇帝の乗った牛車が自分の家の前で止まるように、門前に塩を盛っておいたというんやね。そうすると牛は塩が好きやから、それをなめ始めると動かんようになってしもうて、けっきょく皇帝はその妃のところを訪れるというお話。そこから、お客を招き寄せる縁起物として料理屋の門や玄関などに盛り塩を置く習慣

ができたとか。

それに加えて神事で使われる清めの塩の習慣があいまったんやないかとかいろいろいわれてるようですけど、いずれもほんまかうそかは知りません。

うちの店では、板前割烹の「露庵《ろあん》」では欠かさず置いてますけど、本店と赤坂の店では置いてません。だいたい世間一般を見回してみても、小料理屋とか板前割烹店なんかでは見かけるけども、料亭ではあんまり見いひんでしょ。どっちかというと、長ーいアプローチのあるような店やのうて、扉を開けたらすぐに客席で、「いらっしゃい！」と元気な声がかかるようなとこのほうがふさわしい感じがしますね。

だいたい、そんな塩を盛っただけでお客さんが増えんねやったら世話ない。そこらじゅうに盛りますわ。僕なんかは、そういう縁起をかついでというよりも、むしろファッションの一つとしてやってる感覚やね。真っ白な塩が凛として盛ってあることで、ああ、ここの店よさそうやなあとか、そんなには堅苦しい店ではないんやなとか、バカ高い店ではないやろなとか、清潔な感じがするなあとか、そういうイメージを持ってもらうための小道具としては有効やないかなと思うてる。それに昔の人がずっと続けてやってきはったことをわざわざやめる必要もないし、というところやね。

作り方は、大きめの盃（できるだけ底のとがったものがいい）に塩を入れて、上から霧吹きでちょっと水を吹いて（水を加えるのでもいい。湿っているくらいの感じに）、軽く押しならしてからひっくり返して、カパッと抜く。その山型の塩をごく短時間電子レンジにかけて乾かすとカチッとなるので、これを白いかわらけ（素焼き）の豆皿にのせて、玄関の両脇に置きます。形がくずれたり汚れたりしたら新しく作って、常に真っ白にピシッと整えておくようにしてます。

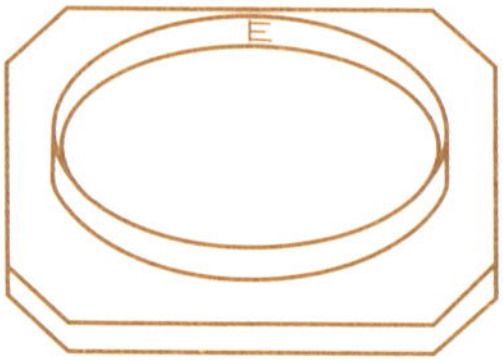

葵盆《あおいぼん》

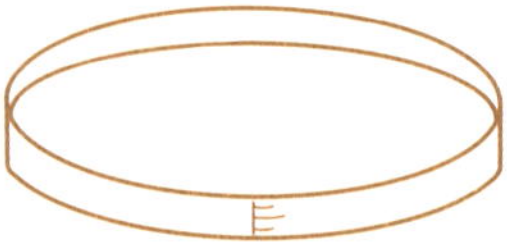

折敷《おしき》(丸)

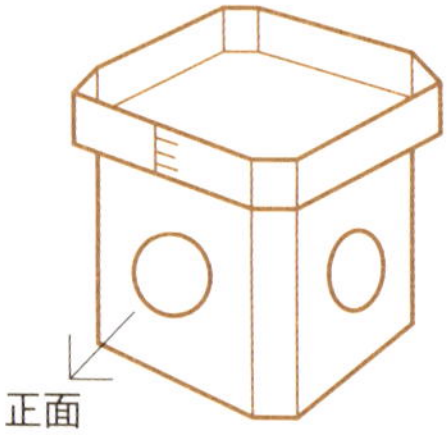

三方《さんぽう》

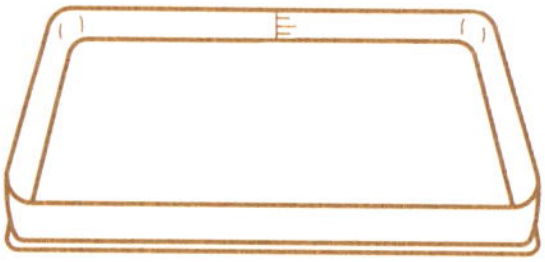

折敷(角)

【蓋合わせの基本】

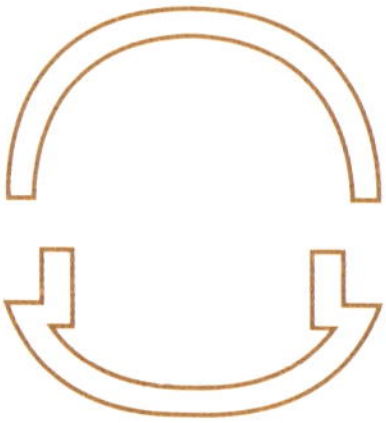

香合《こうごう》

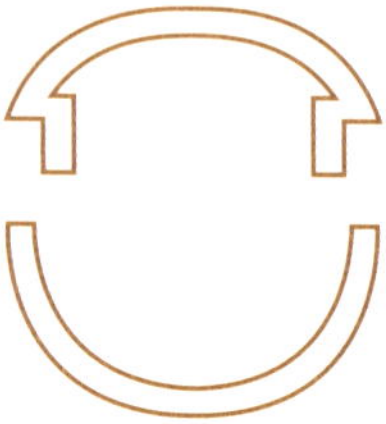

珍味入れ

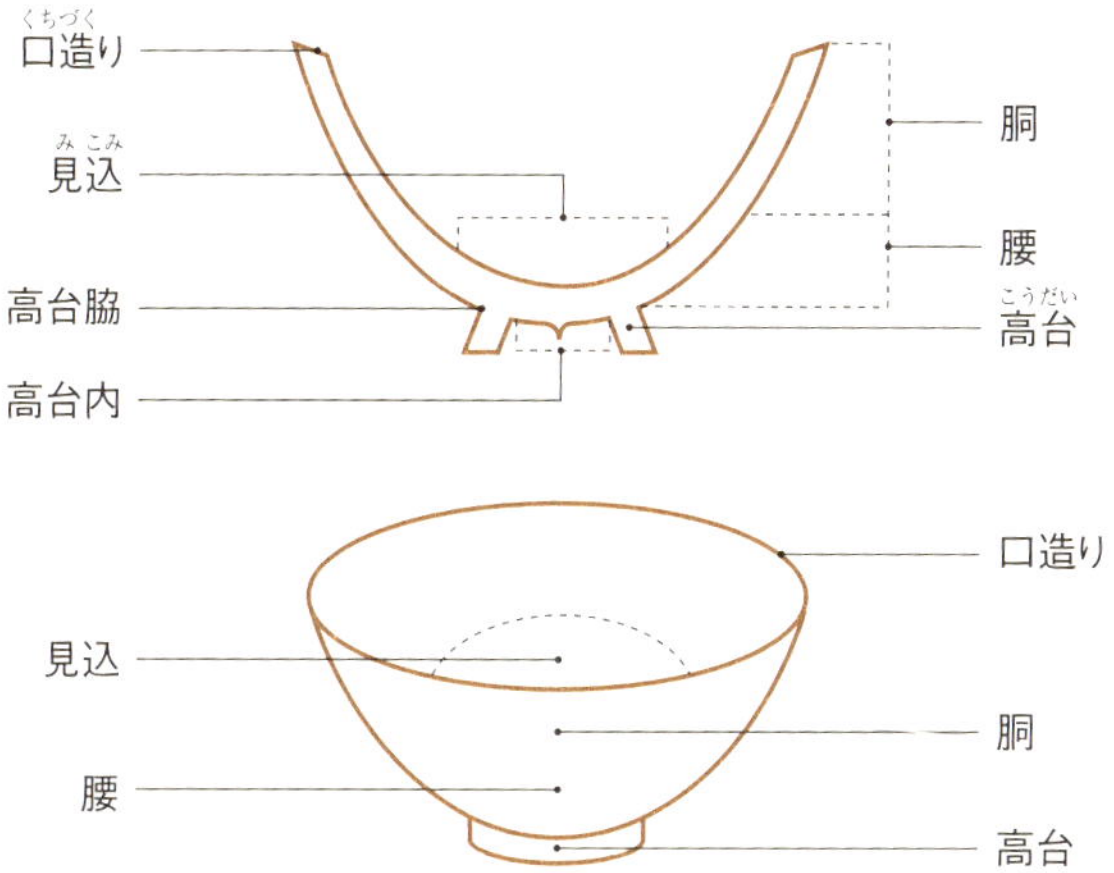

【茶碗の各部の名称】

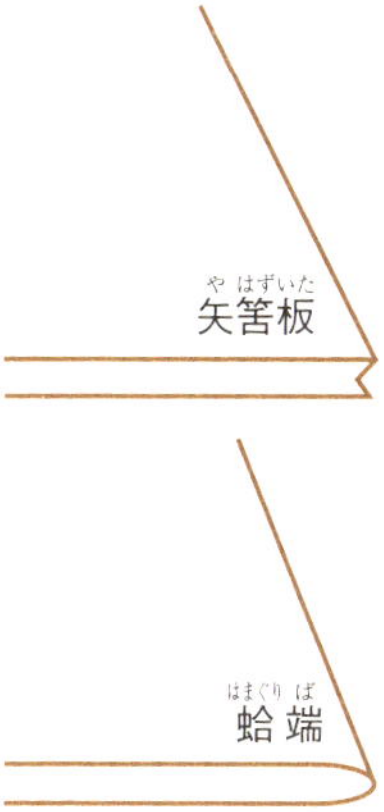

【花台（薄板）】

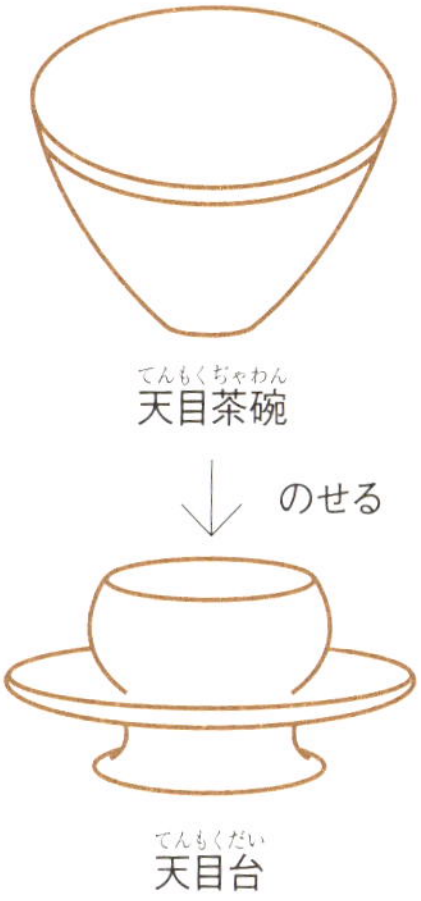

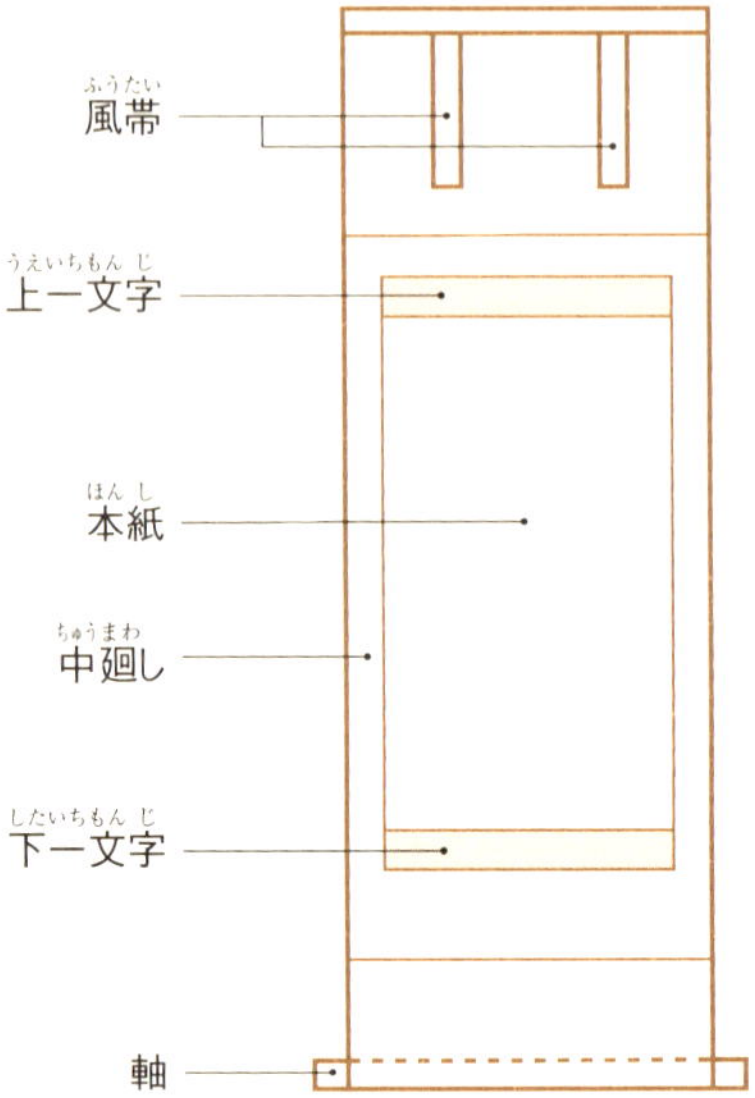

【掛け軸】

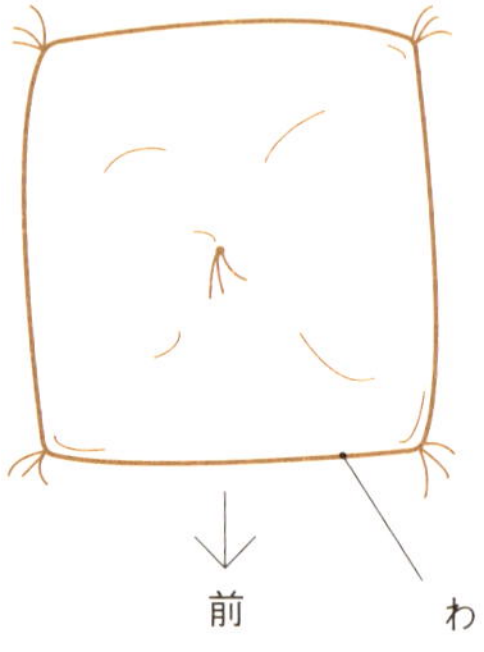

【座布団】

【床の間】

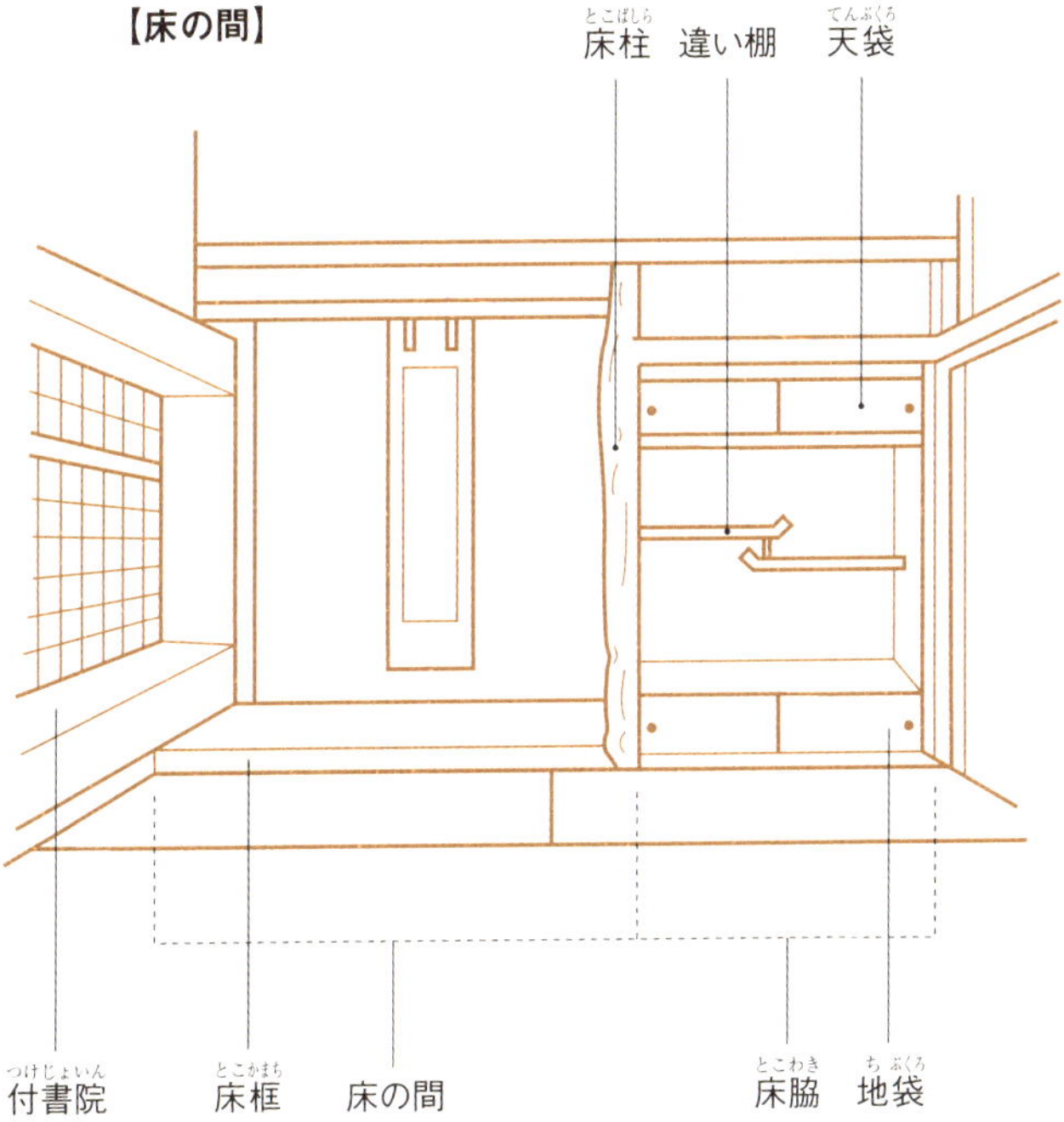

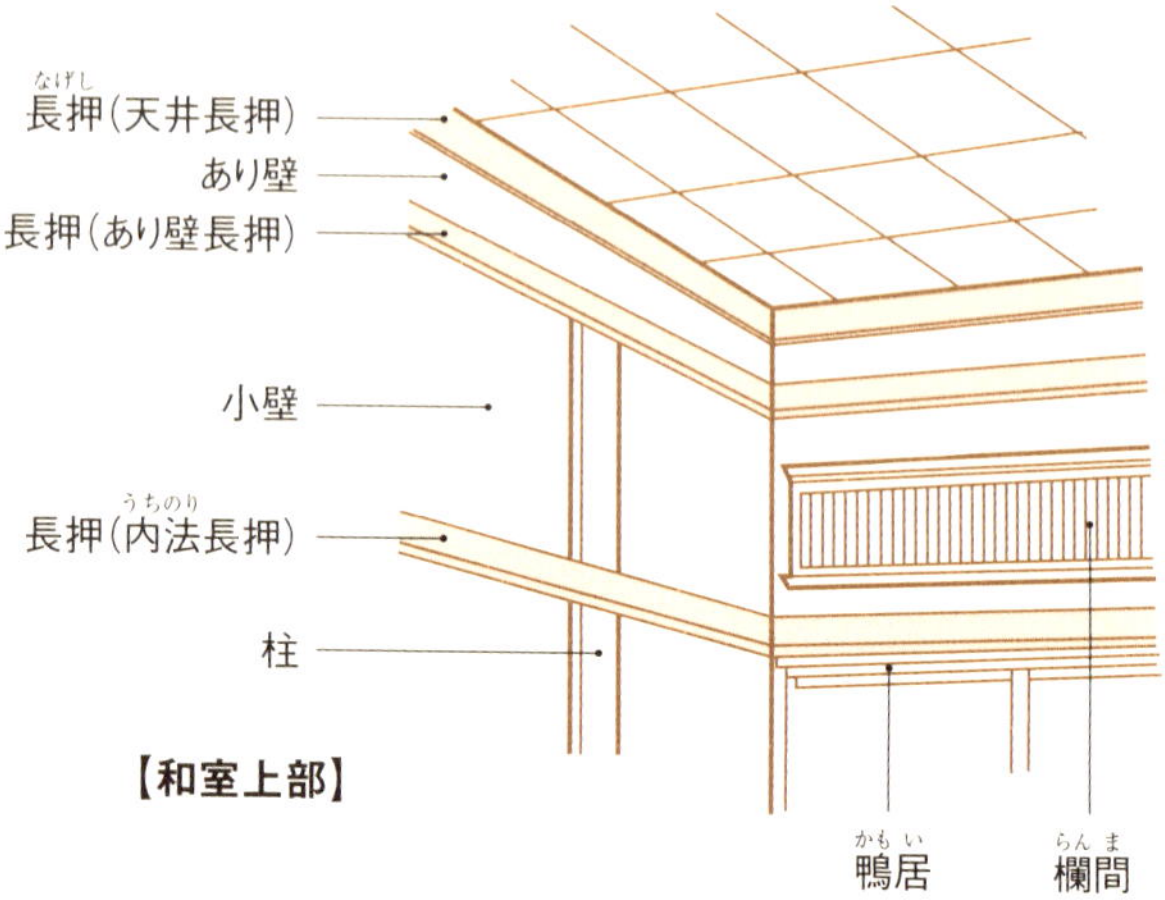
長押《なげし》(天井長押)
あり壁
長押(あり壁長押)
小壁
長押(内法《うちのり》長押)
柱
鴨居《かもい》
欄間《らんま》

【和室上部】

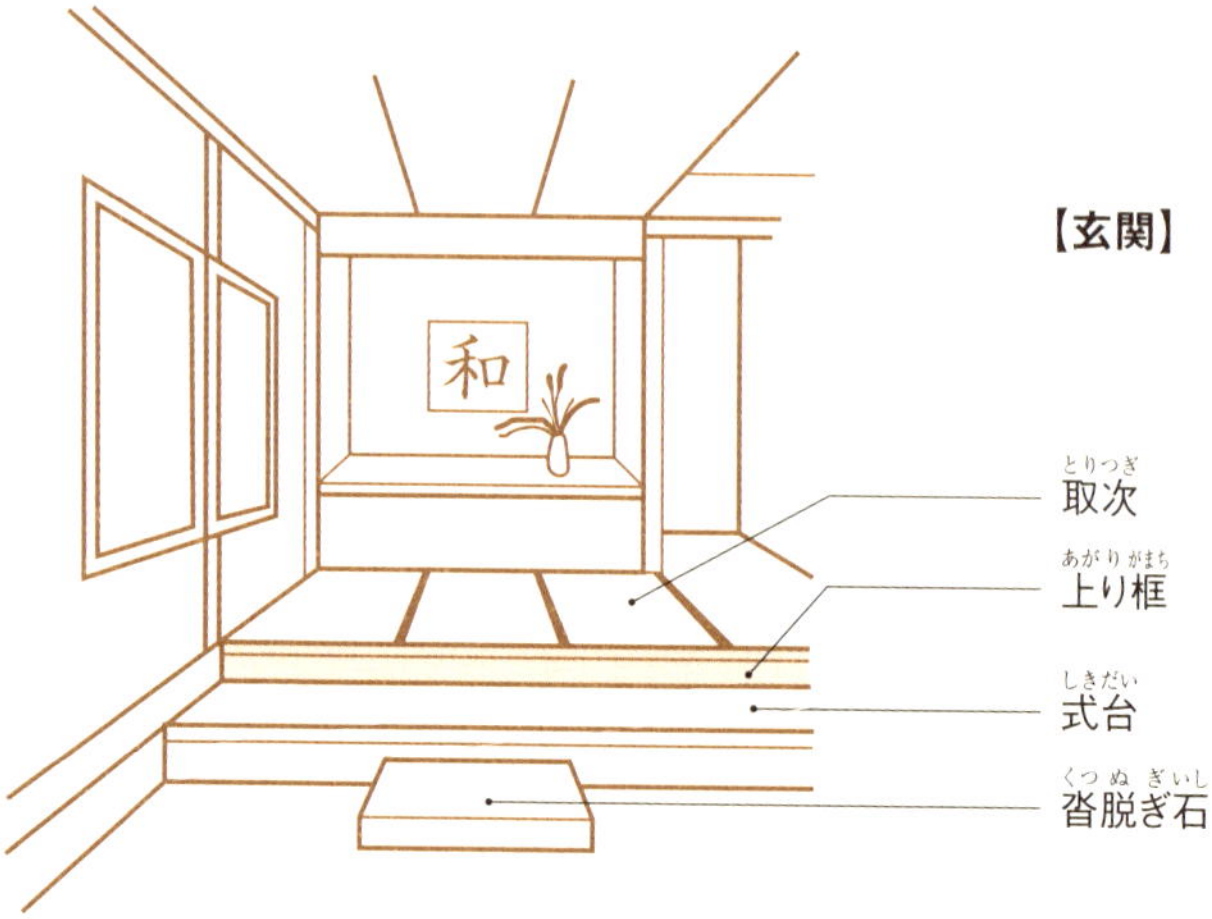
和
取次《とりつぎ》
上り框《あがりがまち》
式台《しきだい》
沓《くつ》脱《ぬ》ぎ石《いし》

【玄関】

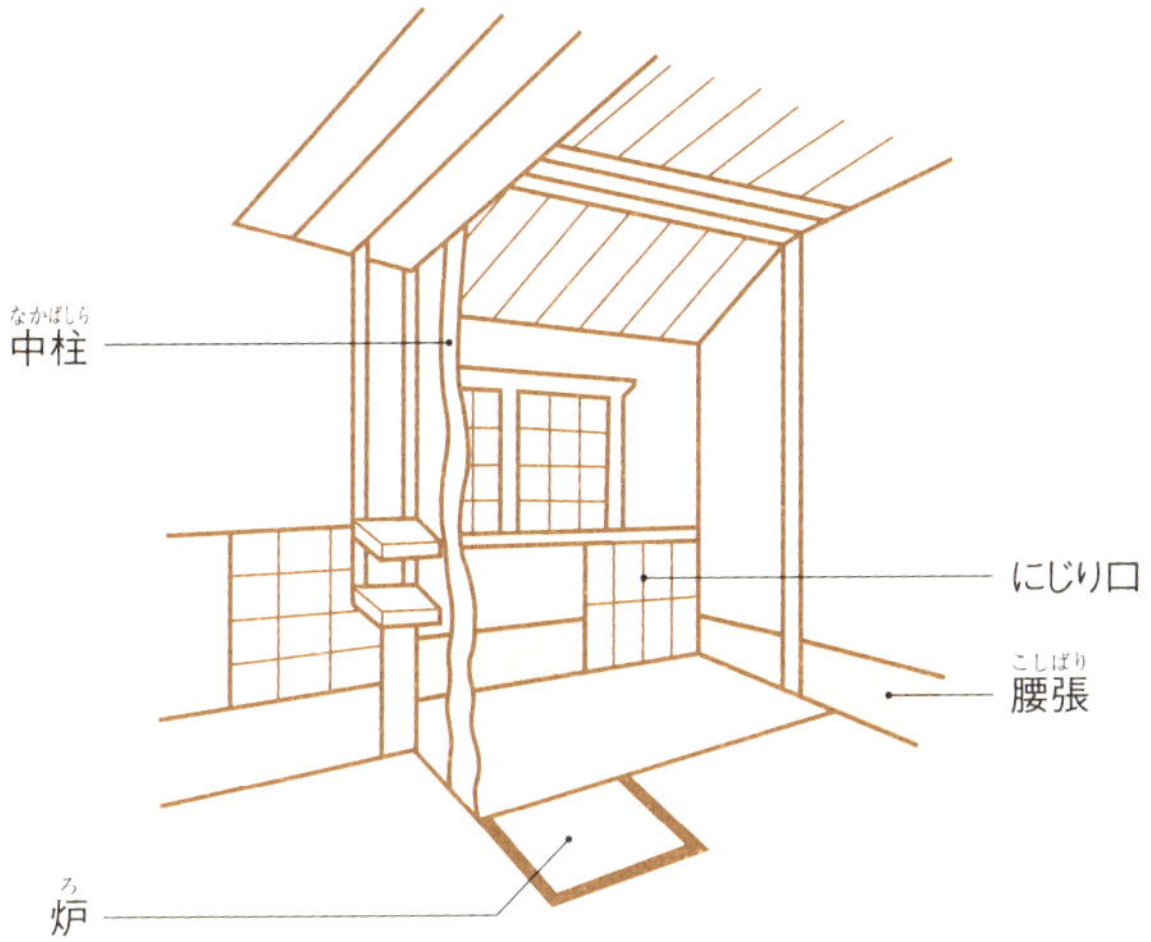

【茶室】

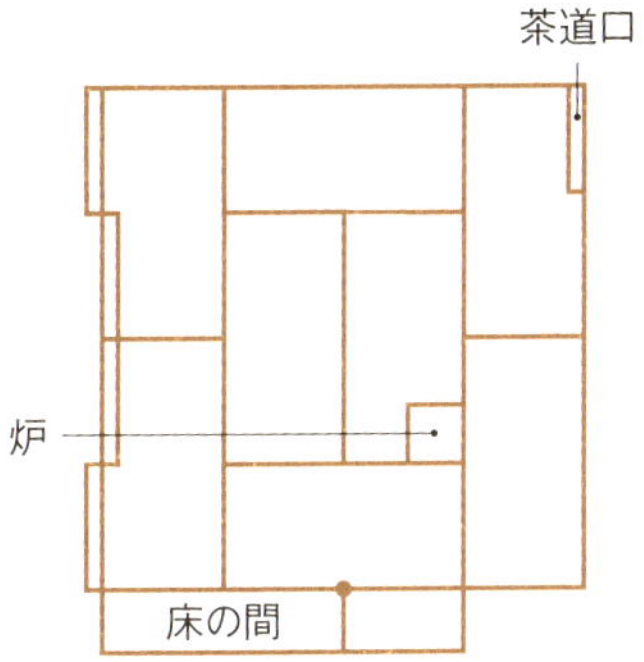

広間の例

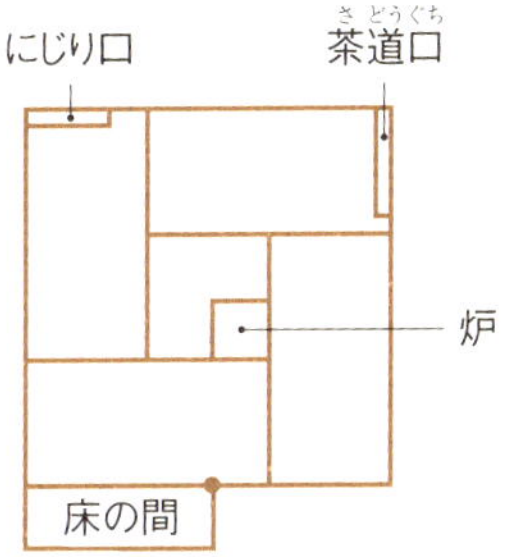

小間《こま》の例

あとがき

「行儀の悪い日本人が増えたなあ」。最近、そんなせりふを聞く回数が増えたような気がしますけど、ほんまにそうなんやろか。そうやとしたら、なんでそんなことになってしもうたんやろ。

考えるに、昔は家に、おじいちゃんやおばあちゃんが一緒にいてはった。それで、親は働き手として外に出たりして働いてても、日本人としてあたりまえの常識やら非常識やらを、おじいちゃん、おばあちゃんがちゃんと教えてくれてたんやね。それが徐々に核家族化がすすんで、あたりまえのことを教えてもらえる環境がのうなっていった。それも一つの原因かもしれんね。

日本は不幸にも敗戦という経験をして、それを境に日本人の価値観は180度変わらざるを得んかった。親のほうが、自分の価値観に自信が持てんようになってしもうたということもあるやろね。そして高度経済成長期。働きまくって、日本を経済大国にして、バブルがはじけてえらい目に合《お》うて。今はIT革命やとかいうて、世の中は便利に便利になってるけど、なんや知らん日本人は皆いそがしい。昔のような、ていねいな子供の教育というもんは、どんどん見られんようになっていってしもうてるんやね。

僕はいわゆる団塊の世代よりもほんのちょっと若い世代やけども、そういう只中に生きてきた人間として、反省せなあかんなと思うことがようけあります。「今の若いもんは云々……」と言う前にね。

文化の伝達がうまいこと行なわれてこなかった――20世紀はそういう時代やったかもしれんね。日本のええとこを、どっかでもう1回見直したり、取り戻したりせないかん。そうせな日本人として恥ずかしい。最近、よう思うことです。

料理というのは、文化の中心的なところにあると思うてますから、そこから派生したり、そこに集約されたり、ほんまに周辺のいろいろな文化と関連してると思うんですね。そういう意味で、日本料理に携わるもんの一人として、次の世代に伝えていかなあかんなと思うことがまだまだ山ほどあるんです。またそれが僕らの責任やろなとも思うてます。この本が、ちょっとでもそのきっかけになればええのですけれど。まずは、うちの娘2人にいちばんに読ませなあきません。

最後になりましたけど、漫画家のすぎやまチヒロさん、思わずニヤッとしてしまうような漫画をありがとうございました。この本のなくてはならないスパイスになったと思います。それから、デザイナーの石山智博さん、柴田書店の網本祐子さんをはじめ、この本を作るにあたってお世話になりました皆さんに、心から感謝を捧げたいと思います。

平成十九年六月

菊乃井　村田吉弘

著者

村田吉弘（むらた・よしひろ）

■京都を代表する老舗料亭「菊乃井《きくのい》」の三代目主人。1951年生まれ。現在店舗は「本店」「菊乃井　露庵《ろあん》」「赤坂　菊乃井」の３店。そのほか、百貨店等で物販店を６店展開する。■京都、東京を往復し、自ら厨房に立って陣頭指揮をとる傍ら、『月刊専門料理』（柴田書店）をはじめとする専門誌への協力、さまざまな研究活動や講習会、学校での授業などを通し、日本料理界の発展、後進の指導に力を尽くす。2004年、ＮＰＯ法人日本料理アカデミーの立ち上げに幹部として参画、現在は理事長として日本料理を世界へ発信するための活動を続けている。■また、気さくで飾らない人柄はお茶の間でも親しまれ、テレビの料理番組への出演、料理教室やカルチャースクールの講師といった仕事も多くこなす。■著書は『京料理から　こんなん旨い、こんなん好きや』（柴田書店）／『京のおかず　四季のかんたんレシピ124』（阪急コミュニケーションズ）／『割合で覚える和の基本』（ＮＨＫ出版）など多数。『菊乃井　風花雪月』（講談社インターナショナル）の英文版『KAISEKI』は、料理本の世界的な大会「グルマン・ワールド・クックブック・アワード2006」で「ベスト・シェフ・ブック・イン・ザ・ワールド」を受賞。■2012年９月、別会社を設立し、ロンドンの金融街、ブロードゲート・ウエストにモダン・ジャパニーズ・レストラン「Chrysan（クリサン）」をオープン。また同年、新発想、新テイストの和食サラダ120品を集めた『菊乃井・村田吉弘　SALAD』を柴田書店より刊行――日本語版（９月）、英語版（10月予定）。

店舗

菊乃井　本店

京都市東山区祇園円山真葛ヶ原　☎075-561-0015

菊乃井　露庵

京都市下京区木屋町四条下ル　☎075-361-5580

赤坂　菊乃井

東京都港区赤坂6丁目13番8　☎03-3568-6055

ホントは知らない
日本料理の常識・非常識
マナー、器、サービス、経営、周辺文化のこと、etc.

初版発行◎2007年7月20日
8版発行◎2016年9月15日

著者◎村田吉弘(むらた・よしひろ)©
発行者◎土肥大介
発行所◎株式会社　柴田書店
〒113-8477　東京都文京区湯島3-26-9　イヤサカビル
書籍編集部　電話　03-5816-8260
営業部　電話　03-5816-8282(注文・問合せ)
ホームページ　http://www.shibatashoten.co.jp
印刷所◎株式会社　暁印刷
製本所◎協栄製本株式会社
ISBN◎978-4-388-35323-1